炒蛋還是太陽蛋？

Scrambled or Sunny-Side Up?

Living Your Best Life after Losing Your Greatest Love

羅琳．萊丁格 Loren Ridinger——著

謹將本書獻給

那些在生命中失去改變他們世界的人，

迷失了自我、但正在努力找回方向的人們。

我與你們同在。

獻給安珀，

感謝你在我經歷這一切時教會我如何寬待自己，

也感謝你的付出。

我看到了，也感受到了，

你暫時擱置自己的生活與悲傷，只為了優先照顧我和他人。

你是一位了不起的母親，也是無比優秀的女兒。我愛你。

還有我的孫子和孫女——艾登、艾德里安和艾娃，我愛你們！

友情推薦

「有時候，我們以為需要每個人的認可與讚美，但事實上，有時候只需要一個人，就能教會你如何相信**自己**！這是《炒蛋還是太陽蛋？》一書中，羅琳與JR史詩般愛情故事所傳遞的眾多珍貴智慧之一。這本書以純粹的誠實與真摯的脆弱觸動人心。」

——葛萊美獎得主／艾莉西亞．凱斯

「如果要用『生死與共』來形容一對伴侶，那就是羅琳與JR。我從未見過如此動人的愛情典範，展現了在人生風雨中如此深愛一個人，並攜手共進，同時啟發了全世界。我們每個人都該如此幸運，能擁有像他們那樣的關係。他們互相扶持、守護彼此的愛情，一起攜手面對世界，是那麼令人動容。這本書如此重要，正是因為它源於真摯的愛、深刻的理解與堅韌。當我聽到《炒蛋還是太陽蛋？》背後的故事，讓我的靈魂深處也灑下了一場淚雨——那是喜悅、悲傷，以及希望的眼淚。」

——奧斯卡金像獎、金球獎、葛萊美獎得主／傑米．福克斯

「羅琳，是我有幸認識並深愛的女性中，最堅強的一位。這本書以動人細膩的筆觸描繪了愛情、失去與悲傷交織的生命篇章。每翻開一頁，你都將學會如何真實面對自己的情感，即使在最艱難的時刻，也能從中找到希望，並明白：療癒，是從愛開始的。踏上這段啟迪人心的旅程，你將找到如何把痛苦轉化為幸福的力量。這本書無疑是獻給我們所有人的一份珍貴禮物。」

——電視主持人、演員／拉拉・安東尼

「我親眼見證多年的好友羅琳與JR，如何改變成千上萬人的人生，也包括我在內。他們教會我許多關於人際關係、事業經營，甚至如何去愛的道理，這些智慧幫助我度過人生中一些最黑暗的時刻。《炒蛋還是太陽蛋？》這本書是獻給所有想要在人生各方面獲得成功的人必讀之作。」

——音樂製作人、創業家／喬瑟夫・「胖喬」・卡塔赫那

「羅琳・萊丁格的《炒蛋還是太陽蛋？》是一部美麗的見證，她面對無法想像的失去，卻依然展現愛的力量。她的文字告訴我們，雖然悲傷令人痛徹心扉，但悲傷也可以引領我們找回自我，並讓自己活出更好的樣子。這是一段充滿力量與啟發的旅程，對每一位曾愛過、也曾失去的人，都深有共鳴。」

——葛萊美獎得主／亞雷漢德羅・桑斯

CONTENTS
目次

寫在前面

本書為非虛構作品。書中所述的人物、地點、事件及情境，均以作者記憶為基礎而描寫。儘管所有描述的事件均為真實發生，但為保護相關人士的隱私，部分姓名及辨識細節已進行更改。

推薦序

用「愛」繼續勇敢生活

心理諮商師／黃之盈

生命很平等，生離和死別從不會被預告，它像是突如其來的風暴，打亂了一切原有的秩序，讓人措手不及。JR的驟然離世，對羅琳而言，不只是摯愛的離開，更是一整個世界的崩解。那個曾經與她一同建構家庭、創業打拚、一起問著「今天想吃炒蛋還是太陽蛋？」的靈魂伴侶，如今只剩回音。這本回憶錄《炒蛋還是太陽蛋？》便是這場生命地震後，她拾起碎片、一步步拼湊內心完整過程的紀錄。

這不只是一個哀悼的故事，而是一封寫給每一位經歷失去、承受悲傷、卻仍努力生活的人的情書。書中，羅琳用最赤裸誠實的語言描寫了JR離世後的日常景象——從煮蛋這樣看似微不足道的選擇，到無法決定的每一頓早餐，這些生活裡的瑣碎瞬間，竟成了最難以承受的重量。她讓我們看見，悲傷不是轟轟烈烈的劇情，而是一場緩慢又反覆的侵蝕，是你站在廚房、手握平底鍋卻無法呼吸的瞬間。

羅琳的文字就像她本人那般堅毅而溫柔，她沒有逃避痛苦，也不急於說服自己「會好起來」。她允許自己崩潰、迷失、甚至被一盒未開封的雞蛋擊倒。她讓讀者知道：悲傷無須時間表，也無須包裝成任何模樣。你可以笑著回憶，也可以在任何一個無預警的早晨徹底崩潰。

閱讀這本書時，我不斷想起自己失去至親的那段時間。那種世界忽然靜止、你卻仍被推著前行的感覺，是一種無法言喻的孤獨。然而，《炒蛋還是太陽蛋？》最動人的地方在於——它並沒有讓人陷在悲傷裡不能自拔，反而像一雙溫暖的手，在你最低谷的時刻輕聲說：「你並不孤單。」

羅琳深知，真正的療癒，不在於忘記，而在於重新建立與失去的連結。在書中，她與JR的愛情並未隨著死亡結束，而是轉化為一種無形但持續存在的力量。她聽見他的聲音、看見他的影子，甚至在日常的儀式裡與他對話。這份真摯的連結告訴我們，真正的愛是跨越時空的。

本書也讓我深刻體認：在一段關係中，那些看似瑣碎的小事——早餐怎麼煮、早安的擁抱、或是重複問的問題——其實正是情感最堅實的根基。當這些「理所當然」不再出現，你才會發現它們有多重要。這些習慣，正是愛最日常的證明。

羅琳與JR的故事，是一場關於愛、失去與重建的深刻旅程。《炒蛋還是太陽蛋？》並不是一本只為失去摯愛的人而寫的書，它更是一面鏡子，讓我們每個人都能照見自己曾經忽略的珍貴情感。無論你正在經歷悲傷，或是仍被過去的創傷所牽絆，這本書都能讓你找到屬於自己的片段，獲得安慰與理解。

這本書是羅琳送給世界的溫柔禮物。她在心碎之後，仍選擇以愛與文字告訴我們：縱使我們終將失去所愛，但愛從不會真正離去。它存在於每個選擇、每個回憶、每次雞蛋煮法的決定裡。

讀完《炒蛋還是太陽蛋？》，你會發現，即使世界破碎，我們仍能學會用碎片去拼出另一種完整。不是遺忘，也不是放下，而是把悲傷納入生命的一部分，用愛繼續勇敢生活，無論生命失去什麼，我們都得勇敢走下去，尋尋覓覓生命的意義。期待這本書能夠溫柔陪伴每一個在悲傷中仍選擇前行的人。

推薦序

愛是讓人繼續前行的力量

曼都國際股份有限公司董事長／賴淑芬

面對摯愛的離世，羅琳選擇坦然直視傷痛，以筆為刃，寫下這本《炒蛋還是太陽蛋？》，不只是一段愛情與失落的紀實，更是一份獻給所有在生命風暴中掙扎，卻不放棄希望的人們的溫柔陪伴。

身為女性創業家，我特別感佩羅琳那份在黑暗中仍願意發光的勇氣。她將痛苦化為力量，將回憶化為信仰，用行動詮釋「愛，是讓人繼續前行的力量」。

這不只是一本書，更是一份療癒與重生的邀請，誠摯推薦給你，也願它帶給你力量與光。

前言

愛，從未止息

瑟琳娜・威廉絲

每當想到JR和羅琳・萊丁格，我的心底總會浮現他們令人難以忘懷的愛情故事。他們象徵著愛、力量與堅韌，無論經歷過什麼樣的考驗，他們的連結始終牢不可破。這激勵了我，也激勵了他們的友人，這成為我們所有人不僅渴望和嚮往，更決心要擁有的東西。我很榮幸能稱呼他們為「朋友」，分享他們的喜悅和悲傷，並親眼見證他們建立的非凡夥伴關係。

如何面對逝去的悲傷

JR的驟然離世讓我們相當震驚，那種衝擊難以言喻。所有認識並愛戴JR的人，都看著羅琳以堅毅和無與倫比的優雅面對悲傷。這本回憶錄《炒蛋還是太陽蛋？》就是這段旅程的見證——

一個真誠、坦率且充滿人性光輝的故事，記錄著他們的愛情、失去和堅韌。

死亡令人痛苦，但終有一天，我們都必須面對。悲傷，是這個過程的一部分，是一種奇怪且難以預測的情緒。你永遠無法得知，自己或生命中的某個人會如何反應。你無法真正準備好，去應對失去生命中對你如此重要和不可或缺的人。這是一道需要多年才能癒合、卻永遠無法真正抹平的傷口。

悲傷沒有時間表，你必須讓它按照自己的節奏自然流動。有時候，你會因為痛苦而放聲吶喊；有時候，你會因為想起那個曾經認識、愛過，如今卻已不在的人而微笑。事實是，每一天的狀況都不同，這些日子可能會持續多年，但你終會摸索出自己的方式去面對。

在我二十出頭的時候，失去了一位親姊姊。這對我和全家人都是相當痛苦的經歷，我們所有人都變得好脆弱。但在那段時間，我學到一件事：當你經歷了所有人最終都必須面對的艱難時刻後，你將學會如何安慰他人。當他們不可避免地面對自己的悲傷時，你知道該如何陪伴他們。因為你更能感同身受，抱持更溫暖的心去理解，成為他們哭泣時可以依靠的肩膀——一個真正能體會他們所經歷的人。這種共鳴正是幫助我們能繼續前行的一個重要因素。

在某個時刻，我們都會經歷這些痛苦；奇怪的是，得知其他人也同樣遭遇過這些可怕的感受，反而會讓人感到一絲安慰。或許「同病相憐」就是這個意思，但或許應該說，同病雖相憐，卻無人願同病。

在這些脆弱的時刻，讓我體悟到堅韌的可貴，也讓我感受到社群的溫暖懷抱。來自周圍朋友的愛與支持，包括羅琳的陪伴，都成為我的心靈支柱，幫助我從深沉的悲痛中重新站起來。這是個強而有力的提醒，告訴我們，在痛苦中自己並不孤單，別人的愛與支持，能引領我們度過最黑暗的時刻。

生命教我們的一堂課

回顧這一切，我經常想到自己那份不懈追求進步的動力。「我是個完美主義者，幾乎永不滿足，總覺得還有許多可以改進的地方。」這種持續成長的心態，除了在網球場上追求完美表現，更是我每天努力讓自己變得更好的信念所在，是我職業生涯和人生的基石。

然而在悲痛中，這股動力轉化為尋求新的應對方式和成長之路，並將我對姊姊的記憶，以更有意義的方式融入生活。

「失去」讓我們生活得支離破碎。為了拾起碎片重新拼湊自我，我們需要更努力、積極地去愛自己，並付諸行動，同時明白人生無法十全十美。每天的努力才是關鍵。

我學到最深刻的一課，就是要全心全意生活，珍惜與所愛之人共度的每一刻。生命既珍貴又脆弱，我們永遠無法預知自己還有多少時間。羅琳和JR比大多數人更能深刻體認這一點，所以他們盡力活出生命的精彩，也提醒了我們所有人，要以感恩的心擁抱每一刻，並帶著目標與熱情過生活。

在JR剛過世的那段日子，我親眼看著羅琳如何從身邊的社群中汲取力量，四面八方不斷湧入的愛與支持，包括我自己，還有其他珍視JR和羅琳的人。我便曾在羅琳的Instagram貼文下留言：「我的心也為你而碎，並與你一同承受這份痛楚。」我深知，對她深切的悲痛而言，這些話僅能帶來些許安慰。然而，在那段艱難的時期，這些溫暖的支持帶給她更深的連結與支持的力量，讓她覺得自己並不孤單。

悲傷給人一種孤立的感受，覺得自己在痛苦中是孤單的。然而，羅琳的故事告訴我們，悲傷並非一段孤獨的旅程；我們是由身邊同行者的愛所支撐著，這些人牽著你的手，傾聽你的故事，提醒你並不孤單。當你閱讀《炒蛋還是太陽蛋？》時，你不僅僅是一位被動的旁觀者，而是這段旅程的一部分，也是這個充滿愛與支持的社群成員之一。

讓痛苦化為成長與蛻變

羅琳和我一起共度無數個歡樂與悲傷的時刻。她一直陪在我的身邊，為我的成就而慶祝，也在我最困難的時候給予支持。

多年前，我在朋友家的一場晚宴上，認識了羅琳、JR和安珀。有趣的是，那天麥可．傑克森（Michael Jackson）和他的孩子們也在場。我們共同擁有的回憶是如此珍貴，而那些笑聲更是難能可貴。我們總是在笑聲與愛中慶祝我們的友誼。羅琳經常說，我們是「非凡的生死之交」，這足以證明我們之間深厚的情誼。相對的，我對她的感受亦是如此。

她在面對無法想像的失去時所展現的堅韌，是人類精神所能夠承受與堅持的最佳見證。羅琳直面自己生命中最黑暗的時刻，拒絕讓這些痛苦定義她的人生，更將自己的痛苦化為成長與蛻變的動力。

在《炒蛋還是太陽蛋？》中，羅琳坦率地揭露了悲傷的複雜性——憤怒、內疚，以及對答案不懈的追尋。但她同時也帶來希望，展現出愛如何超越物質世界的界限而恆久延續。她的反思提醒我們，迷失與掙扎是必然的，但隨著時間的推移，在借助支持以及接受生命不完美的勇氣下，療癒是可能的。

生活有時會在我們最意想不到的時候，拋來看似難以應對的課題。我們有兩個選擇：繼續困在失去的混亂中，任由自己被吞噬；或者選擇站起來，讓自己的心靈與精神連結於生命中更大的意義，亦即，生活中的「太陽面」。

在這本書中，你將讀到一個既令人心碎又充滿啟發的故事。羅琳的文字是一份禮物，一盞希望的燈塔，為那些曾經面對失去而感到迷茫，該如何繼續前行的人指引方向。她告訴我們，不需要擁有所有問題的答案，面對悲傷的重擔時，掙扎是可以的；而穿越黑暗找到屬於自己的道路，也是可能的。

愛，是讓人前行的力量

羅琳的故事，不僅僅是關於失去JR，而是關於如何再次找到人生的意義，如何紀念那些我們失去的人，同時，學會獨自呼吸。這是一個關於愛如何超越死亡，並繼續塑造與指引我們的故事。羅琳的故事正是這種選擇的體現——她選擇在黑暗中尋找光明，選擇透過充實而有意義的生活來紀念JR。

這本回憶錄不僅是寫給那些認識JR的人，更是為所有經歷過失去，並想知道如何繼續前行的人而寫。羅琳的堅韌與脆弱是一份珍貴的禮物，為我們提供了一幅穿越悲傷迷宮的地圖。我希望，她的故事能像觸動我一樣深深地感動你，提醒我們，即使深陷無法想像的痛苦中，愛依然是我們最重要的力量來源。

當你閱讀《炒蛋還是太陽蛋？》時，我鼓勵你反思自己面對失去的經歷。不僅僅是因死亡而失去的痛苦，還包括那些關於迷失與找回自我的經歷——你或許能在她的故事中找到共鳴。讓羅琳的文字引領你，帶給你安慰、啟發與希望，幫助你走過自己的旅程。

請記住，你並不孤單，因為有一個充滿愛與理解的社群在支持著你。

小威廉絲（瑟琳娜‧威廉絲，Serena Williams）

第1章

我的情書、他的情書

我最親愛的JR，

如同許多小女孩一般，我曾夢想著墜入愛河，邂逅我的白馬王子。那些鮮活明亮、色彩斑斕的夢境，在期盼和希望的色調中洶湧而至，將我淹沒。我一遍遍夢見，有一天會有人讓我神魂顛倒，就像我在《麻雀變鳳凰》、《往日情懷》和《手札情緣》等電影中看到的那樣。然後，彈指之間……我的生活就會變成一場無盡的冒險。

十八歲那年，我遇見了你。

第一次見到你時，你正站在房間的另一頭，一群人圍繞著你，你的笑聲如此響亮，充滿感染力，光芒四射。你的存在就像磁鐵一樣，散發著令人無法抗拒的吸引力，深深吸引著我。你舉止大方且富有表現力，彷彿精力無限。在我們第一次交談前五分鐘，我就把謹慎和理智拋到九霄雲外。我想成為你生活中的一部分，以及你所代表的一切。即便當時除了你，在其他一切都不確定的情況下，但我依然堅信，這就是命中注定。

那時我們沒有錢，沒有公司，沒有房子，沒有車子……什麼都沒有，甚至連一個計畫都沒有。然而，直覺告訴我，與你在一起是千載難逢的機會：一個值得我深深去愛，為一個創意天才工作的機會，也是一個可以重振偉大美國夢想團隊的機會。你在精神上激勵著我，總是讓我思考各種可能。你讓我著迷。

和你在一起的一切都是令人難以置信及快速的旅程。還記得我們的第一次約會嗎？你以每小時八十英里的速度在格林斯堡的路上飛馳著。我的心臟都快跳出來了，我抓住你的手臂大喊：「JR，慢一點！這裡的限速是五十五英里！」

當你說：「寶貝，如果我有駕照，我會開更快」的時候，你的眼神閃閃發光，就像一個小男孩第一次抓到蝌蚪般的天真爛漫。

在那些日子裡，你表達「我愛你」的方式是：「我非常喜歡你，但別讓它沖昏了頭。」而我總是讓它沖昏我的頭！

我最愛你的一點是，當我問你一個問題或想要有些哲學性的對話時，你會停下手邊的事情，全神貫注。即使我只是需要一個字詞的定義，你也會告訴我背後的意義，然後用這個詞造句，讓我容易理解。最後，就像你的一貫風格，你還會考我！你一直是我最棒的老師，這一點永遠不會改變。

你還記得嗎？那一晚，我們坐在你那輛破舊的老爺車裡仰望星空，我問你：「JR，你的夢想是什麼？」

你用那雙興奮的小男孩眼睛看著我，大聲說道：「改變世界，羅琳。幫助人們成功，激勵他們成為最好的自己。」

我實在太為你驕傲了！看著你建立美安全球集團（Market America），簡直是不可思議。你才華橫溢，堅忍不拔，充滿目標。一個十億分之一伏特的靈光在你腦海中乍現，你便著了迷，全心投入事業。你讓它發展壯大，但更重要的是，你幫助人們一路前行。你不僅是一名建築師、工程師，也是首席執行長。你講著所有對的語言，並透過創建一套系統，將世界各地成千上萬的人聚集在一起，這個系統賦予人們改變生活的武器——一個賦予時間和財務自由的系統。

你的瘋狂獨樹一幟，這些年來，你用成就證明了自己的獨特見解。多年來，我讀過成千上萬封信，來自員工、企業家，甚至從未加入美安公司的人，他們的來信詳細描述你如何改變他們的生活，賦予他們希望和信念。

你早在一開始就知道，改變自己生活的唯一方法是，幫助他人改變他們的生活。這就是有遠見的作法。你不僅只是講述一個新的故事，更因為你本身就是那個活生生的故事。有趣的是，我從未停止思考你為我做了多少同樣的事。當我感到迷惘、自我懷疑的時候，你給了我信心，鼓勵我前進，甚至在我對自己失去信心之時，你依然堅信我。你讓我明白，我本身就夠好了。謝謝你，寶貝。

三十六年來，我們每一天都在一起——每天二十四小時，只有你去滑雪的時候才分開四天。我討厭滑雪，但親愛的，你對那些黑色鑽石雪道卻是充滿熱情。

親愛的，這是多麼美好的禮物啊！知道我們是命中注定，而以靈魂伴侶的身分，攜手走過這如夢似幻的人生。

你曾經告訴我：「羅琳，你離開我的唯一方式，就是停止愛我。」

這將永遠不會發生。

你總是說：「樂趣在於旅途本身。」說到樂趣，我們有安珀。當安珀為我們帶來三個可愛的孫子女時，你在瞬間蛻變了，到達一個新的生命境界。你一直渴望成為一個好爺爺——而且你早就做好準備。你擁有一顆赤子之心，和艾登、艾娃和艾德里安在一起時總是容光煥發，你是他們最喜歡的玩伴。聽到他們的咯咯笑聲，總讓你的眼神更加閃亮，停下手上所有的事情。若每個人都能親眼見到，你如何在泳池裡扮鯊魚，如何熱衷棒球和籃球比賽，和他們一起投入Nerf槍戰，在科學實驗室裡展現好奇心，甚至耐心地引導他們搭建火車軌道，以及興致勃勃地捕捉蝌蚪……他們一定會明白，什麼是成為某個人的全世界！

你和我，將無數個人生濃縮於一世。

就在兩週前，美安公司成立三十週年的國際年會上，你以最精彩的閉幕詞再次帶給我驚喜。你既坦率而真誠，現場的人們都被你深深打動。你對每個人的信任無與倫比。你是一個傳奇。在那個舞台上，你毫無保留、無私地奉獻全部的自己，不求任何回報。一直以來，你總是堅持做正確的事，你對人、對事業、對家庭的愛，就是真愛的典範。

我不只是嫁給你，也嫁給你的願景，我們身邊的人們都是。你從不要求什麼，既不尋求讚美，也不自誇。你只是努力做著自己熱愛的事情。大多數時候，你不曾流露任何擔憂。而我想讓你明白的是，我懂你。

感謝你做你自己，感謝你的一切——你的心，你的愛，你的生命——感謝你所做的一切，當一個人真正活在「破折號」之中，生命會是什麼模樣。

我在十八歲時的判斷是正確的，你是我一生中千載難逢的機會。三十多年後的今天，我依然深愛著你，而且愛得更深、更狂熱。我愛你勝過生命，最重要的是，你清楚知道我有多愛你。

我知道我現在的告白充滿感性，情緒滿溢，但我只想說，愛是我們真正需要的一切，也一直是我們所需的全部。我們是彼此的唯一。沒有了彼此，一切都毫無意義。

每個愛情故事都是美麗的，但我們的愛情故事是我最珍愛的版本。我向你保證，未來還會有更多神奇的時刻。

我愛你——永遠。

我相信你。

永遠屬於你的，羅琳

一封來不及寄出的信

這就是那封信——我本來要留給JR，讓他某天早晨走出淋浴間時就能發現的信。在他和我一起喝咖啡，或問我今天早餐想吃什麼蛋之前，就可以讀到的信。

他曾寫給我上千封的情書，讓我可以在不同角落發現這些信，幾乎每天如此。他從不吝於表達愛意，而我也把它們都一一保存下來。

而這封信，是我希望在他突然離世之前，就能讀到的信。

第2章

克羅埃西亞

前進豐饒之島

「哎呀，拜託啦，親愛的！我們會玩得很開心的。我剛讀到，領巾就是在那裡發明的！」

「領巾？」我重重地敲下「確認」鍵。

「是呀！十七世紀克羅埃西亞所雇請的傭兵會在脖子上圍一塊布，這引起法國人的注意，稱之為『cravate』，源自於『Croat』，也就是克羅埃西亞人。可以說，是他們發明了領帶！」JR眼中閃爍著如同十二歲男孩般的光芒。

「還有，親愛的，金氏世界紀錄中，世界上最小的城鎮「胡姆」（Hum）小鎮就在那裡，那裡只住著二十個人！我們要不要買下第四十九號島，和安珀還有孩子們一起搬到那裡住？馬克和瑪麗亞也可以來。也許還有克里斯帝安、漢特和馬凱，當然還有史蒂夫和維萊特！但就這樣！然後我們就會被列入金氏世界紀錄，成為住在最小城鎮的居民。我們可以在那裡養很多蝌蚪。等等，讓我查查看，蝌蚪是不是那個地區的原生種。」他的語氣帶著迷人的節奏，自然流暢地從嘴裡迸出來。通常這種情況下，我會沉浸在他的白日夢中。但我和馬克必須在旅行前達成共識，所以我迫使自己專注於眼前的電子郵件，心中閃過一絲絲的歉疚，只因為無法與他一同編織夢想。

「好的，JR。讓我知道蝌蚪的事，因為我覺得艾登會想養很多蝌蚪。我是認真的。」我按了兩次「刪除」鍵。我能感覺到JR無憂無慮的計畫和我沉重責任之間的緊張關係，心中默默希望能夠放下一切，和他那般興奮。

三十週年大會在即

接近我們公司三十週年慶祝大會的前幾週，我的心思根本不在克羅埃西亞。馬克和我一直在仔細監督著這場會議，它將是我們職業生涯中規模最大、最壯觀、最重要的一場盛會。

那是二〇二二年八月，COVID疫情終於消退，人們小心翼翼地走出家門、開始旅行。這是一場只能親自參加的會議，也是過去兩年來，由於COVID疫情而舉行的第一次面對面的實體活動。我們必須給人們一個充足且強而有力的理由，讓他們來到格林斯堡（Greensboro）。我們必須給他們所有親臨現場的理由。

這是我們的三十週年紀念日，我們將推出最先進的產品和突破性的技術。一切都會比以往更令人難以置信，這是他們的時代——他們終於有機會掌控自己的人生。停滯不前、疲憊不堪和沮喪，這些都不再是選項。現在是該採取行動的時候了，我們會提供他們一切所需，讓他們實現目標。

當然，傑米・福克斯和喬瑟夫（胖喬）的演出一定會令人難忘，但除了這些精彩的表演之外，這次大會更是為了賦予創業家力量，讓他們能夠把握當下、抓住時機。我差點考慮取消這次旅行以專注於大會籌備，但JR的興奮之情充滿感染力，我不忍心讓他失望。

如果說倉鼠滾輪、鋼索和太空船是JR過去的顛峰之作，那麼這次三十週年紀念大會將會超越這一切，一切都必須更上一層樓，包括預算。所以，我們額外撥款兩百五十萬美元，讓這次活動成為有史以來規模最大的盛會。

馬克和我每天花十個小時審視大會的每個細節，甚至包括門票的顏色。由於活動部門人手不足，壓力都落在我們肩上。我負責音樂、製作、燈光、時間安排和演講嘉賓的順序。我為貴賓們和家人安排座位，並花好幾個小時與每位演講者一起製作撰寫簡報，更不用說我自己的簡報了。

「如果我們把煙火放得太近，會燒到綠幕嗎？」我問了其中一位製作人，同時轉向餐飲人員，「午餐自助餐請務必提供素食選項」，我補充道，試圖同時兼顧無數的細節。

我調整了視覺效果，協助時間安排，有時還得告訴高層主管撕掉他們的講稿重寫。「這是美安全球集團大會的超級盃」，我告訴一位主管。「你得拿出最頂尖的表現，否則就不要上台。」

同時，我仍然全力履行監督公司所有銷售和行銷的日常職責，其中包括推出十多種新產品，協助JR指導和培訓創業家。這幾個星期以來，我的手機因無數的簡訊和電子郵件一直不停地震動。

行前的混亂與準備

在出發前往這趟夢幻假期之前，我有長達一英里的待辦清單：監督新產品上市的最後細節、與行銷團隊討論新產品的推廣活動、聘請新的社群媒體經理、確認來賓講者的後勤安排，確保美安全球集團的每個產品都備貨齊全，並備好貨在主舞台旁邊。還要撰寫我的簡報、審閱團隊的簡報、幫安珀找到她新房子的承包商、與JR一起審查受益人文件、請安傑再次確認我的銀行資訊，備妥我要參加珍妮佛和班的婚禮，以及克羅埃西亞之旅的衣服，因為我們將在大會結束後直接去這兩個地方……

感覺我像是扛著全世界的重量，而研究中歐本土的蝌蚪，並非當下的優先事項。

儘管身處混亂，我心中卻有一部分渴望著JR純真的夢想，渴望我能逃進他的世界，哪怕只是一瞬間。

「羅琳！親愛的，我們真幸運！克羅埃西亞有四種原生青蛙：普通蛙，不要和普通樹蛙搞混；敏捷蛙，是棕色的，不像普通蛙是綠色的；不管是樹蛙還是其他蛙——還有沼澤蛙，牠們可能是綠色和棕色，但身上有黑色斑點，所以我們可以分辨這些青蛙。有趣的是，普通蛙的鳴叫聲非常大，甚至在一公里外或更遠的地方都能聽到！一點也不普通！我們還要留點時間下船，看看能不能把每一種小傢伙都找到一隻。這將是我們在島嶼繁殖棲息地的研究……」

「我們晚點再談青蛙的事吧！我們還有十天才離開。我現在必須和馬克與安德魯把事情處理好，否則我們就無法安心地去看那些青蛙了！」電子郵件已經發出去了，但我很肯定自己忘記了一些具體的細節，而這些細節可以讓馬克在我們十天後坐船時的生活更輕鬆。

第一次沒帶孩子的旅行

多年來，克羅埃西亞一直都在JR的願望清單上。他夢想著乘坐我們的遊艇「烏托邦四號」（Utopia IV），和安珀還有孫子們一起在地中海航行。我們曾多次嘗試計畫這次旅行，但總是被各種義務和責任絆住。在巴哈馬發生油輪事故後，我們的船已經停航了好幾個月。

然而，隨著我們結婚二十九週年紀念日的接近，以及公司三十週年慶祝日子的到來，他宣布：「我們出發！」這將是我們歷來最長的一次歐洲之旅——整整六個星期——其中包括在克羅埃西亞停留一週。JR租了一艘漂亮的遊艇，準備在旅程的第一階段環遊克羅埃西亞，之後前往西班牙，探訪我們的好朋友、葛萊美獎得主亞雷漢德羅·桑斯。

就這樣決定了，「我們出發！」

遺憾的是，安珀和孫子們無法參與第一段的旅程，但他們答應在西班牙和我們會合，這也將是我們第一次沒有他們陪伴的重要旅行。於是，我們邀請了幾位朋友，包括我的弟弟馬克和弟媳瑪麗亞，以及我們的老朋友杜魯門。其實我很期待能有這段時間好好慶祝一番，舉杯回顧我們從車庫裡白手起家創立公司的那段日子，以及現在所獲得的成就。

異常的血液檢查數字

七月初，在出發前往克羅埃西亞的六週前，JR接種第二次COVID-19疫苗加強劑並進行體檢。他的血液檢查異常，但沒有任何症狀。「應該沒什麼大礙。等你回來後再做檢查，先好好地去享受假期吧！」醫生說。

「JR，如果真的有什麼問題，你覺得我們還應該去嗎？」我已經知道他的答案了。

「親愛的，如果我再健康一點，就會被列入『金氏世界紀錄』了！我們要去，羅琳。這是屬於我們的時光。」我無法反駁他，也無法反駁醫生們發來的幾封電子郵件，那些郵件都鼓勵我們好好享受歐洲假期。

事實上，JR比那些年紀僅他一半的人都更有活力，比我見過的任何人都更加熱情。唯一的問題是，他在高中時打橄欖球所留下的舊傷，導致膝蓋僵硬問題，但我們已經安排了療程，預計在歐洲旅行時，去看西班牙皇家馬德里足球隊的頂尖運動醫生。這是亞歷杭德羅在得知JR的膝蓋問題後，幫忙安排的會診。所以等我們度假回來後，他就會完全康復。JR的父母都活到九十九歲，他的祖母去世時一百零四歲。反倒是我在二〇一五年時，差點因罕見的腦動脈瘤而喪命。

「你說得對！我們要去！」我表示同意，彷彿已經感受到陽光灑落在臉龐，驅散了所有揮之不去的疑慮。

孫子的生日插曲

大會開始前兩星期，我們接到孫子艾登的電話。「爺爺，我想去迪士尼樂園過生日。」七月的奧蘭多熱得像火爐一樣，JR討厭酷暑。另外，我還擔心他會因為膝蓋的舊傷在大型主題樂園裡行走不便。但JR堅持我們要去，他希望能滿足孫子們的所有願望，如果我們能抽出一天時間，那我們就會去。

儘管行程混亂，我們還是收拾好行李，帶著孩子們和艾登的幾個朋友一起飛往迪士尼樂園，決心讓艾登度過一個難忘的生日。我們製作了光劍，駕駛「千年鷹號」，這一路上JR都和他的孫子一起開懷大笑、拍照留念，看著他們分享這些快樂時刻臉上所洋溢的光彩，我覺得在熾熱中度過的每一分鐘都是值得的。十二個小時後，我們搭上飛機回家，帶著一個非常開心的小壽星和一個滿足的爺爺，他很高興能為所愛的人創造每一個神奇的時刻。

重新投入工作模式讓我措手不及。在大會舉辦前，我每天都只睡四個小時，但所有的辛勞、失眠、壓力和後勤工作，都在三十週年紀念大會上得到回報：有五千人出席那場活動；煙火秀很成功，沒有任何東西著火；週六晚上所舉辦的搖滾主題派對棒極了，我永遠不會忘記馬克穿著皮夾克和畫著眼線的樣子，還有喬瑟夫（胖喬）和傑米・福克斯也到場表演……我還保留著JR寫給我和馬克的信，信中祝賀我們工作出色。

隆重登場，成功落幕

但這次大會最特別的部分是，我們的孫子艾登、艾德里安和孫女艾娃的出席，看到他們對我們精心製作的表演充滿好奇的眼神，所有努力都值得了。他們成為我們非官方的吉祥物，迷倒他們所遇到的每個人，甚至在其中一場主題演講中，在舞台上獲得讚賞。每當有人提到他們的名字，JR的臉上都洋溢著驕傲。當我從舞台上看著JR時，在我的心中湧起一股深厚的連結，那一刻，感覺我們的家庭、我們的工作、我們共同的生活，一切都如此完美。

隨著大會進入最後一天，我感到既疲憊又興奮。我們完成不可能的任務，現場氣氛充滿活力。數個月來的策劃終於迎來成果，我能從每個人的臉上看到它的影響——尤其是JR。他的喜悅很有感染力，也激勵著我克服疲勞，繼續前進。

在最後一天，當JR離開舞台，掌聲漸漸消退後，他把我拉到一旁，情緒激動不已。他非常感謝所有人的付出，並能感受到這三十年來的成功歡慶。他對所有超連鎖店主們的反應感到非常興奮，不停地看著他們在這三天裡臉上洋溢的光彩。這真是太神奇了！「你做到了，親愛的。你讓這次的大會令人難忘。看看艾登、艾娃和艾德里安，他們將會永遠記住這一刻。」

我望著仍然興奮不已的孫輩們，心中充滿驕傲和愛。所有孩子都樂翻天，他們喜歡表演的每一個部分，尤其是外公的演出，因為他總是會做一些瘋狂的特技，令他們陶醉不已。JR也很開心，因為孫子們在他上台表演時都沒有離開過現場，他們喜歡看他表演。這不僅僅是一場大會；這更是家庭和傳承的意義。

當活動結束時，我不禁回想起過去幾週的瘋狂經歷。從迪士尼樂園的酷熱到我們三十週年大會激勵人心的氛圍，再到前往薩凡納（Savannah）見證班和珍妮佛結為艾佛列克夫婦——在前往克羅埃西亞度長假之前，這些情緒就像經歷了一場高低起伏的雲霄飛車，但每一刻都很值得，尤其是對JR、我們的店主、我們的家人和孫輩來說，我們創造了滿滿的笑容、歡笑聲和難以忘懷的回憶。

難掩的不安情緒

在那場盛大、親自見證珍妮佛和班獨特愛情故事的浪漫婚禮後，隔天早上，JR和我靜靜地坐在甲板上，啜飲著咖啡，沉浸在寧靜中，準備迎接我們的下一場冒險。

「準備好去克羅埃西亞了嗎？」我問道，瞥了一眼JR，他正帶著滿足的笑容凝視著地平線。

「當然。」他回答，眼中閃爍著期待的光芒。「但現在，讓我們享受這一刻。」在那片寧靜的晨光中，伴隨我們成就的餘音仍在耳邊迴盪，我深深地感激彼此共同建立的這個人生。

我們確實如JR所說，好好享受了那一刻。

「親愛的，這不是很神奇嗎？」JR對我說道。當我們終於抵達克羅埃西亞最受歡迎的旅遊景點之一，也是他夢想中的島嶼杜布羅夫尼克（Dubrovnik），我們準備好下船，享受那裡的一切。

蜿蜒的樓梯環繞著歷史建築，穿過小巷，向下通往水邊，餐廳和酒吧林立於濱水區。JR的心情很好，渴望四處走走，並指出他想要探索的地方。看著他穿梭於不平坦的地形，我不禁感到一絲不安，但很快就將之拋諸腦後，希望一切都能如他想像般的美好。

當我們在杜布羅夫尼克市中心漫步、欣賞風景時，我們不得不在凹凸不平的石階爬上爬下。我看到JR掙扎著，膝蓋似乎有些使不上力。他看著我，沮喪地揚起眉毛，然後停了下來。

「親愛的，你覺得膝蓋痛嗎？讓我們回去吧，可以在船上放鬆一下。」

「不，一點也不疼，只是僵硬而已，」他說著，試圖擺出一副沒事的樣子，好讓我們能繼續享受這趟旅程。我搖搖頭，挽住他的手臂。我環顧著杜布羅夫尼克那鋸齒狀的天際線，那些險峻的階梯和狹窄的道路蜿蜒穿過城鎮，不禁想著我丈夫的夢想假期是否會像他想像的那麼美好。儘管心中的不安感越來越強烈，我還是默默地發誓，會盡己所能成就這次的假期。

膝蓋舊傷的隱憂

隔天早上，強烈的陽光照進房間將我喚醒。那年歐洲的夏天比平常更熱，幾乎每個主要城市都出現創紀錄的高溫。我隱約聽到杜魯門和馬克在廚房裡說話，以及船長和船員在甲板上走動的輕微腳步聲。JR和馬克熬夜到清晨，像兩個計畫海外交換學生冒險之旅的年輕人一樣閒聊，直到瑪麗亞和我叫他們休息。

但此時JR已經起床了，我想他應該和其他人在一起。然而，當下一片安靜襲來，四周都聽不見JR洪亮的嗓門。很安靜，我的皮膚陣陣發麻。我披上浴袍，走到環繞整個下層船艙區域的外甲板。我看到JR站在那裡，凝視著水面。

「JR，親愛的。早安。你在這裡做什麼？」我把手放在他的後頸，看見他調整了一下膝蓋，還皺起眉頭。

「早安，親愛的。我只是在享受這一切。這不是很完美嗎，親愛的？只有你、我，還有這片大海。」

「是的。你覺得還好吧？」我之所以這麼問，只是因為當我輕輕撫摸他的頭髮時，可以感受到來自他膝蓋的僵硬，正透過身體傳散到我的指尖。

「我很好。只是膝蓋有點不舒服。不痛，但很僵硬。」

眺望著大海，我讓他享受風景和清晨的空氣，隨後，我特意直接去船長甲板。

不尋常的舉動

「早安，船長。」

「早安，萊丁格夫人。我們即將靠岸。您與萊丁格先生一定能度過美好的一天，盡情探索此島。」

「船長，我想幫JR租一輛腳踏車，以便他在島上遊覽。能否請您提前打電話安排？他的膝蓋有些不舒服，我想如果能騎車而不是步行，我們應該更能享受本地風光。您能為我安排嗎？」我越過船長望向島嶼，隨著我們交談的每個瞬間，島嶼的輪廓越發清晰。

「沒問題。」

確認幫JR安排好探索瀑布的行程後，我回到陽台。在我離開時，JR便絲毫不動地凝視著無垠的大海。我佇立片刻，靜靜地望著他，心中湧現一股揮之不去的不安預感。

我們在斯普利特（Split）附近的赫瓦爾島（Hvar）停留，沉浸於美景與夜生活之中。赫瓦爾島是克羅埃西亞眾多島嶼之一，是一個JR極為嚮往的群島。每座島嶼似乎都低語著遠古的秘密與隱藏的美麗。當我們漫步於鵝卵石鋪成的街道上，溫暖的地中海微風輕拂著橄欖樹，JR轉向我，眼中閃爍著喜悅的光芒。

「很高興我們在一起。」他說道，語調輕柔卻充滿情感。「我愛你。我知道籌備這次大會有多麼不容易，但此刻，我們只要好好享受生活。」他的話宛如一個承諾，然而他眼中的一絲脆弱卻讓我不禁懷疑，他是在試圖安撫自己，更甚於安撫我。

在那一刻，環繞著赫瓦爾島雋永的魅力，他的話如同一劑撫慰心靈的良藥。過去幾個月的壓力煙消雲散，取而代之的是，在這古今交織的美麗之地與愛人共度的純粹喜悅。

永恆的註記

抵達島上後，JR和我騎著腳踏車，沿著兩旁遍植橄欖樹與葡萄園的蜿蜒小徑，鹹鹹的海風輕拂著我們的髮絲。

我們在一間小咖啡館停下腳步，他堅持要用克羅埃西亞語點餐，而我們兩人都不會當地語言。咖啡師微笑著，欣賞他的努力。我們相視而笑，啜飲著咖啡，感受著宛如年輕戀人隨興冒險般的愜意。在那些時刻，很容易便忘卻了等待著我們歸返的重擔，而沉醉於彼此相伴的單純喜悅之中。

那天晚上，我在枕頭上發現一張紙條：「謝謝你準備的腳踏車。太棒了。因為你，我能看見想看的風景。永遠愛你，JR。」

隔天清晨五點半，JR醒來。「我睡不著，親愛的。」他的聲音清晰，目光炯炯有神。

我從床上撐起身子，轉向他。他的頭髮凌亂不堪，T恤緊貼著身體一側。他臉上的每一道線條，都訴說著我們曾共度的每個時刻。接著，他彷彿讀懂我的心事，搶先說出我心裡的話。他似乎可以看穿我眼中的恐懼，那份我極力隱藏的擔憂。「我愛你勝過一切。你是我最好的朋友。」

「你也是我最好的朋友。」我回應道，感受到一種即使時隔多年，傷口癒合已久，仍難以言喻的情感。那份感覺縈繞於心，交織著好奇與恐懼——好奇於尋覓恰當的詞彙來捕捉它，恐懼於真正理解它的源頭。他的目光緊緊凝視著我，雙手輕柔地撫上我的臂部。

「你讓我成為世界上最幸福的人。」他說。

我能感覺到他的手輕輕滑過我的臂線，但他的話語卻像雙手緊緊抓住我的肩膀，讓我彷彿定格一般，無法躺下、無法逃避。他的觸碰溫柔，而他的話語卻帶著力量，震懾著我的整個身心。然後，他又重新躺下，閉上雙眼。我知道他並不是睡著，只是在休息。

我沒有移動，只是靜靜地注視著他，想要牢牢記住他的每一絲細節，臉上的每一道線條，彷彿在我內心深處明白這一瞬間稍縱即逝。

異樣的請求

沐浴後，我用毛巾擦拭著頭髮，站在床邊。「安珀傳訊息來了。他們預計明天在西班牙與我們會面。我告訴她……」

「我認為，她不該來。」JR打斷我的話。「這是我們第一次單獨旅行，讓我們獨自完成這趟旅程吧！」

我僵在原地，毛巾從指間滑落。他從不曾想過要與安珀、還有孩子們分開旅行，如今卻要我取消他們加入我們的行程？這一點都不像他。但他的膝蓋又開始作怪，或許他不希望在孫子、孫女面前顯得狀態不好。我們只剩幾天時間了，也許他是對的。讓我們獨自完成這趟旅程吧！他的請求如此反常，令我背脊發涼，但我強迫自己點頭同意，不想讓他難過。

「我要去吃點東西。」他說道，語氣中散發著異樣的疲憊。「我覺得不太舒服，也許吃點東西會好些。」我看著他走出臥房，那熟悉的步伐從未改變，彷彿他已重複了千百次。一切看似如常，卻又處處透著異樣。

「JR，等等我。我跟你一起去，親愛的，我也餓了。」我將毛巾丟在床上，匆忙地邁開大步，追趕著他在走廊上的身影。我的心裡升起一股莫名的急迫感，像是要緊緊依偎在他身邊，不能讓他離開我的視線。

不祥預感籠罩

吃過早餐後，我開始準備當天的行程。我們抵達希貝尼克（Sibenik），準備前往當地最知名的瀑布觀光，這是行程中JR最期待的一站。儘管膝蓋不舒服，他還是堅持要去。

我們的原定計畫是搭乘小型包船前往島上，再步行前往瀑布近距離觀賞。然而，JR的膝蓋狀況不方便健行，我們更不可能把他留在原地。

我穿上最喜歡的運動鞋，以因應接下來的步行所需，再戴上帽子和太陽眼鏡，準備好這趟親近大自然的小旅行。我們正準備在希貝尼克靠岸。我一邊尋找JR的身影，想確認他的狀況。馬克和杜魯門正興高采烈地談笑著，瑪麗亞則站在馬克身旁。我從他們身邊走過，四處尋找JR的身影。每踏出一步，我的心跳便加快一分，早先的不安感愈加強烈。

晨間的暑氣籠罩著我，我在上層甲板繞行，再次發現JR獨自凝視著海面。

他在這趟旅程中，顯得異常安靜，這令我感到不安。以往的假期中，JR總是興致勃勃地穿梭於各個房間，向所有人展示他沿途拍攝的照片。他會熱切地尋找最棒的餐廳、最獨特的博物館和歷史景點，並告訴我們接下來的行程安排。若是我們在多個城市度假時，他還會為大家規劃地圖，標示出預定的停留點。

然而，他這次卻花許多時間凝視著海面，似乎意識到自己的時日不多，沉思著人生的大哉問。整件事情顯然非常不對勁，我心中的這種感覺越來越強烈，揮之不去。

「親愛的？」我開口打斷他的沉思。他轉向我，回以燦爛的笑容，並朝著我走來，步伐有些微跛不太自然。他說：「準備好了嗎？」

我們的船駛入希貝尼克的港口，遠眺陽光下閃耀的層疊瀑布，嶙峋的岩石上覆蓋著翠綠的樹木，蜿蜒的小徑沿著岩石面盤旋而上，眼前的景象令人嘆為觀止。

「我想，我們無法靠近到足以欣賞美景的距離。」JR擔憂地說道。

「別擔心，親愛的。」我說道。「馬克和我會搞定。」儘管心中那種不安的預感不斷滋長，我仍然希望這一天能成為他最美好的回憶。

美景當前如願以償

當我們抵達港口準備登上包船時，馬克和我迅速走向船長，嚇了他一跳。「聽著。」我簡短地說明了情況。「我丈夫目前無法長時間行走，所以請您盡可能帶我們到最靠近瀑布的地方，讓他可以近距離感受到潑灑而下的水花。可以嗎？」

船長明白了自己的任務。在我們登船後，隨即開船超越其他觀光船，直接駛向山壁方向，來到不能再近的地方，我們甚至沒有離開過船艙。

船長為了滿足我的要求，不惜打破所有規則，帶我們到最接近瀑布的位置，讓JR和我得以欣賞絕大多數人無法親眼目睹的壯麗景色。船長小心翼翼地駕駛著船隻，額頭冒汗，四處張望，尋找當地海岸巡邏隊的身影，深知他將因為帶我們至如此靠近瀑布而可能遭受罰則。

JR溫柔地握緊我的手，我們觀賞著奔騰而下的水流，感受著水霧灑落在臉龐。眼前的景象壯觀無比，令人屏息。這成為他最後一張上傳至Facebook的照片。在那一刻，瀑布之美與JR安靜的滿足感交織在一起，我只希望能讓時間停格，讓我們停留在此，安全而平靜，直到永遠。

「我可以永遠待在這裡。」JR說道，語氣輕柔，帶點感傷。離開瀑布後，他的話語在我腦海中不斷浮現，這是一種揮之不去的疑慮，但我試著忽略它。

心不在焉又心事重重

當我們的船駛離瀑布，重新回到小港口時，可以明顯感受到JR苦於膝蓋的疼痛。但他沒有抱怨，仍舊繼續走向船隻。然而，我可以看得出他的膝蓋僵硬狀況，已經轉化為更明顯的不舒服。我對他的表情瞭若指掌。

「我看到一個小孩戴著鯊魚牙齒的項鍊。我想孩子們會很喜歡。」他說。「你能幫我買嗎？我看到右手邊那有一家禮品店。」他指向約五百碼外的商店。對JR而言，大自然與動物意義非凡；他熱愛教育孩子們，因此鯊魚牙齒項鍊確實是很合適的禮物。

「沒問題。等等船上見。」我匆匆離去，JR則與其他人一同前往船隻。

當我進入禮品店時，手機響起一則訊息。他寫道：「你要多久時間？」

「十五分鐘。」我回覆訊息時，附上一個親吻的表情符號。

「好的，下午一點零五分。」訊息幾乎是立刻回覆。他從未如此管過我的時間。我停頓了片刻。他為何突然關心我會花多久時間？這只是一件小事，但我記得當時覺得有些奇怪，心想可能是因為他身體不舒服的緣故。然而，總覺得事情不對勁的不安感覺，始終縈繞在心中。

回到船上，我們帶著剛買的鯊魚牙齒項鍊再次啟航，前往下一個停靠點。JR和我坐在二樓休息區，我剛接聽維修團隊的電話，討論「烏托邦四號」的維修事宜。我坐在餐桌旁，靠近通往臥房的樓梯。JR坐在我對面較小的休息區，專心聆聽我和馬克一同參與的電話會議。造船廠的維修經理不斷找藉口，談論延誤和額外費用。

我的沮喪感隨著時間流逝而增加。JR通常樂於聆聽我處理這些狀況，但今天他顯得心不在焉且心事重重。

我們的電話討論仍持續進行。然後，他突然生氣了，只是一瞬間，因為他發現我沒注意到的——那傢伙在欺騙我。JR總是這樣，當他察覺到不尊重時就會介入。

「別生氣。」我告訴他。「不值得。」

但他接著說：「為什麼你生氣就沒關係，而我不行？」說完話便站起來，經過我身邊時，氣喘吁吁。我問，發生了什麼事。他沒有回答。

突如其來的變故

JR如此離開房間的舉動與以往的作風截然不同。他從不抱怨，也不透露自己身體不適。

接著JR用他的手輕輕碰觸我的肩膀，以示安撫。然後，我聽到他深深地吸了一口氣，粗重的吸氣聲彷彿試圖盡可能吸入更多氧氣，並將其儲存起來以備後用。與JR共事多年，同床共眠，共舞、爭吵，或在他身旁享用太陽蛋的歲月裡，我從未聽過他發出這樣的聲音，我的注意力從通話中轉移開來。

我轉頭看向JR。我的心臟漏跳了一拍，一股寒意襲來。

「你怎麼了？」我問道。

「沒事。你待在這！」他反駁道。他說話的同時彷彿屏住呼吸，聲音有些悶悶的。

JR喜歡我掌控全局，但有時他也需要空間。他的語氣清楚表明，這正是其中一次。我留在原地，繼續與電話中的船隻維修人員爭論，但我的思緒早已轉移到JR身上，我在想是否應該跟他在一起，或者自己是否錯過什麼至關重要的訊息。

又過了五分鐘，我仍舊與船隻維修人員以及馬克在電話上。馬克緊張地看著我，他從角落探出頭來，想知道JR是否去洗手間。JR通常喜歡聽著我解決問題，他現在本該插話討論「烏托邦四號」，但他卻沒有回到樓上。意識到這一點，我集中注意力要結束通話，以便去查看他的狀況。一股越來越強烈的緊迫感啃噬著我，那種事情不對勁的感覺揮之不去。

*　　　*　　　*

無聲的恐懼

我瞥了一眼JR坐過的座位。船隻已航行至平穩的速度，劃破亞得里亞海的波浪，風聲呼嘯而過，在船艙內奏起一曲寧靜的樂章。我已經停止談話許久，現在只是靜靜地聆聽JR的動靜——他的腳步聲、他的聲音，任何聲音。但一切寂靜得令人窒息，他的聲音消失，宛如留下一個巨大的空洞。

「馬克，先別聽電話了，去看看JR。」我催促著，聲音顫抖不已。馬克正要起身，瑪麗亞卻走進來。「JR在地板上伸展筋骨。」她說道，彷彿是再平常不過的事情。但我手上的電話掉落在地，我尖叫了出來。

「JR從不會在地板上伸展筋骨！」一陣恐慌襲上心頭，腦中思緒萬千，但沒有一個好的。

馬克率先衝下樓。當他回來時，臉色漲紅，驚慌失措。

「他沒呼吸了。」馬克說。

我衝下樓去找JR，卻進不去臥房裡面。如今與JR近在咫尺，卻無法觸碰到他——一方面是房門被擋住，另一方面是我不知道自己是否承受眼前即將看到的一幕，是否能面對自己最害怕的那個畫面。

我的整個世界天旋地轉，內心陷入混亂。杜魯門和船員們正竭盡全力搶救JR，他們進行心肺復甦術並使用電擊器。一位船員熟識的醫生正在進行視訊通話，進行線上指導，以確保我們身處海上，這一切按正確步驟執行。嘈雜的聲音與搖晃的船隻交織成一場風暴。我的腦中一片空白，無法理解眼前發生的一切。這不可能是真的，這不可能發生！

「檢查他的呼吸！」「檢查他的脈搏！」

我蜷縮在五呎外的角落，像是一個受驚的孩子，無法逼自己靠近他，只能聽著其他人絕望的搶救聲。他們不斷重複，「我們摸不到脈搏了！」我多麼想衝上前去，推開所有人，緊緊擁抱他，但是我整個人卻動彈不得。

他會沒事的？

我不斷地喃喃自語，低聲祈禱，哀求著：「拜託拜託，你一定要平安無事。現在還不是時候，我們還有很多事情要做。拜託一切平安無事，拜託拜託。」這些話感覺空洞，就像是從指縫中滑落的沙子，怎麼抓都抓不住，更無法真正抓住眼前正在發生的事實。

我鼓起勇氣，走到樓梯底下，靠近JR的身邊，但就在我稍稍向前挪動時，我聽到杜魯門有力卻絕望的聲音。「退後！他會沒事的。」但我並不愚蠢。即使我感到自己如同墜入水中，沉重得無法控制自己，但我仍能聽見一切，也明白真相——JR沒有脈搏，沒有呼吸。真相如利刃般刺穿心臟，劃破了迷惘的迷霧。

我記得自己一遍又一遍地把頭撞向牆壁，「你要留在我身邊！」即使鮮血順著臉頰流下，我仍舊不斷地撞牆。那種肉體的疼痛成為我唯一能夠抓住的慰藉，暫時讓我從那撕裂靈魂的痛苦情緒中抽離。

可是，那根本沒用。什麼都沒用。後來，驗屍官證實了我早已知曉的事實——無論我們做什麼，都無法挽回他。

救護人員用雙臂摟住我，把我從地面上抬起來，帶到樓上那間樓梯下方的狹小電視間。他們讓我坐在角落，請我保持冷靜，並且保證醫生仍在努力搶救JR，並不斷向我灌輸虛假的希望。那些話聽起來像是謊言，彷彿試圖隔離我與自己內心深處早已知曉的真相。

最殘酷的道別

每一分鐘都像是一輩子那樣令人難熬。已經過去三十分鐘，或是四十五分鐘了？我就在這樣的渾然不知中度過，即使船已經回到碼頭，我卻毫無所覺。

絕望的沉重力量壓得我喘不過氣，以至於淹沒了其他感官。我坐在那裡，搖搖欲墜，淚流不止，在腦海中反覆折磨自己，設想著各種最壞的情況，無法言語，甚至無法思考。時間失去了所有的意義，房間外的世界彷彿不復存在。

我陷入極端的痛苦，迷失在悲傷與困惑之中，以至於沒有察覺到他們早已將JR從船上移走，當時我還以為他們仍在奮力搶救，後來驗屍官才告訴我，他們不得不移走他。

船員、杜魯門和其他人都失去蹤影——他們都在我的房間清理善後，以免我面對殘酷的現實。我被獨自留在那間小房間裡，緊抓著虛假的希望，相信他們仍在努力救回JR。直到很久後，震驚的感覺褪去，真正的失落如同巨浪翻湧而來，我才體悟到他已離去的殘酷現實。

這也是我第一次聽到驗屍官說，JR是死於肺栓塞，可能是膝蓋中的血栓流到肺部而導致死亡。明明再過幾天，我們就要到西班牙治療他的膝蓋，怎麼會這樣？這一切的荒謬令人無法接受。我們快要解決他的膝蓋問題了，本來有機會在術前就能發現那個血栓——我們全然不知道這個情況。如果早知道，就能夠先為他治療。

然後，最殘酷的現實重擊了我：在JR離開世間那一刻，我卻不在他的身邊。我沒能向他道別，也沒能握住他的手。上帝為何如此殘忍，讓兩個靈魂伴侶相遇，卻又以如此殘酷的方式拆散他們？無法在生命的最後一刻陪伴在對方身邊，無法向他傾訴我的愛意，這種痛苦令我難以忍受。他們想要保護我，但這只不過是延遲了不可避免的、令人心碎的真相。

JR已經走了，而我將會背負著這份愧疚，帶著終生難以癒合的傷口，度過餘生。

從此無依無靠

我獨自佇立在碼頭，彷彿凍結般一動也不動，目睹著眾人奔走。接著我崩潰了，如同玻璃被重錘擊碎一般，崩裂倒地。我的心碎裂成片，消融於淚水匯成的洪流之中。周遭的一切變得模糊，像是水底的嘈雜聲響。我的形體崩解，骨骸消逝，化作那片汪洋，僅剩淚水聚成的海洋。

無聲的哭泣撕裂著我——或許我正喘息著，但整個感覺都像是被大海吞沒，如同溺水的一具軀體被拖曳至大海深處，失去了生命的支撐點，無依無靠。

就在此刻，我知道自己再也無法回到原來的樣子。我的世界支離破碎，而我正溺斃在自己的悲傷深淵中。

第3章

當光芒消逝之後

曾緊緊相依的晨光

在JR離世的前一天，我還是羅琳．萊丁格，JR．萊丁格的妻子，我們共同創辦了美安全球集團和SHOP.COM等家族企業，同時我也是一位母親、祖母、姊妹和朋友。然而，在他離世三個月後，我卻為了一個雞蛋的問題感到迷茫不已。

又經歷一個只能斷斷續續睡上四十五分鐘就驚醒的夜晚後，我拖著沉重的身體迎接新的一天。儘管悲痛欲絕，但我還是試圖打起精神，化了妝，整理了頭髮，準備接下來與高層領導團隊的一連串視訊會議。

走進廚房，我倒了一杯咖啡，喝了一口，絲毫不擔心口紅會因此花掉。我站在廚房裡，凝視著鍋爐，突然聽到JR的聲音：

「咪咪，想吃炒蛋還是太陽蛋？」

這只是一句簡單卻令人心酸的問題，那段記憶彷彿漂浮在晨光中，就像咖啡升起的蒸氣般，氤氳繚繞。JR的聲音每天都會在我耳邊響起，所以這並沒有嚇到我。就某種意義來 ，我更像是默默接受了。我可以聽見他的聲音，卻無法再擁有他的陪伴。我把這視為是他即使離世了，也想要與我維持連結的一種方式。

在我印象中，JR每天早晨起床都會堅持做兩件事：多賴在床上一會兒，然後一起吃早餐。我們一起生活了三十年，聽起來似乎難以置信，但我發誓，這是千真萬確的。

JR總是取笑我，一醒來就立刻下床，迫不及待開始新的一天。

「早安，咪咪。」他會帶著那種令人懷念又漫不經心的微笑說道。我會吻他，微笑，伸個懶腰，然後下床。

「別急著走。」他會用低沉溫柔的聲音說：「陪我多待一會兒。」他說話的方式，總讓人覺得他想要抓住時間——彷彿那些片刻，是屬於我們的小小永恆。在一天開始前，他想要再多分享一些枕邊絮語的時光。但大多數時候，我都會不耐煩地推開他，因為我總是很忙碌，一刻也停不下來。

充滿儀式感的早餐

然後，JR會每天早上找我一起吃早餐，再開始忙碌的一天。他會坐在餐桌旁，伸展雙腿，任由陽光灑在臉上，彷彿在吸收某種寧靜的、無言的真理。有時我會看著他，陽光在他頭上形成一個光環。有時候，這個畫面會讓我忍不住發笑；但有些時候，卻只會讓我對我們的無聊對話感到更煩躁。

他總是不會忘記問：「今天要吃炒蛋，還是太陽蛋？」這是他多年來精心策劃的許多愛情儀式之一。有些日子，這件事會讓我感到煩躁。只不過是個雞蛋而已。但他的確有一種把平凡的事變成日常儀式的天賦，而這個儀式就是將我們的生活點滴緊緊繫在一起的紐帶。

「JR，你為什麼老是問我這個問題？我還在忙，你怎麼煮就怎麼吃吧！」我總是披著衣服，漫不經心地聳聳肩，眼睛盯著手機，滑過那些電子郵件和訊息。

他只是笑而不語，帶著一絲讓人懷念的口吻。「別這樣嘛，咪咪！炒蛋還是太陽蛋？」

「炒蛋吧！」我會輕聲地說，幾乎沒看他一眼。

「好極了。不過我會等你準備好和我一起吃早餐。」我從手頭上的工作中抬起頭來，不知道自己應該被他浪漫的舉動感動，還是應該為他對我早上例行公事的漫不經心而感到不耐煩。

「好吧，JR，親愛的。我來了。我們來吃早餐吧！」事情並不總是這樣發展，但我經常屈服於他那難以抗拒的熱情，主要是因為其中包含他想要讓我陪伴的想法。

他會滿意地點點頭，再去準備早餐，讓廚房充滿奶油和煎蛋的香氣。正是這些看似微不足道的小事，讓我們所建立的一切，無論是事業，或是我們的生活都顯得格外清晰。只是那些早晨的光線現在感覺如此遙遠，彷彿隨著他一起消逝，也帶走了一部分的我。那一切曾經看起來如此地穩固紮實，如此地永恆。

然而，那都是過去的事了。

迷失在日常之中

幾個月前，我們搭乘遊艇航行在克羅埃西亞的海上，卻成為發現JR靜靜離世、仰躺在臥室樓梯旁。那原本是我們夫妻第一次享受沒有孩子的假期，如今數個月過去了，我才終於明白，為什麼那些關於雞蛋的回憶，會讓我至今耿耿於懷。

這感覺就像是被狠狠地重擊——那個畫面突然浮現：他沉重的身體靜靜地躺在那裡，在一個本該充滿陽光、活力和快樂的地方。

在今天這個特別的早晨，我盯著爐子，悲傷卻像浪潮般襲來，毫無預警，總是在趁人不備時將你淹沒。我意識到，在關於炒蛋還是太陽蛋的輕鬆玩笑中，那些寧靜的時刻已經成為我早晨的心跳。沒有他，沉默無聲卻震耳欲聾，令人感到窒息。他的缺席讓人難以忍受。現在的每個早晨，都從同樣的寂靜開始，然後蔓延到整個空間——就像整個世界變得空洞。

未開封的雞蛋盒放在廚房流理台上，原先再平凡不過的食材，如今卻像是壓在我胸口的石頭。為什麼他還在的時候，我都沒有注意到？這根本不關蛋的事，是關於我們的事。是那種即使只是問「你今天想怎麼吃蛋」，也能變成一種連結、一種日復一日維繫關係的方式。

當我們剛在一起時，我喜歡JR幾乎事事都問我的意見，真的包括每一件小事！他竭盡全力讓我明白，即使再微不足道的事情，也會尊重我的想法。

但隨著歲月流逝，這種甜蜜的儀式感逐漸變得乏味。舉凡經營事業、照顧家庭、管理一切，讓我沒有餘暇處理這些瑣碎的決定。現在我才明白，就是那些「微小」的決定，如同一個個錨點，讓我們在混亂的世界中還能抓住彼此。但是如今他不在了，即使再微小的選擇都顯得格外巨大沉重。少了他，一切都感覺不再安定。

令人心動又心碎的小習慣

令人費解的是，生活的壓力竟然能壓垮那些曾經覺得輕鬆的事物，像是怎麼煮雞蛋，或為一些愚蠢的事情大笑。我多希望能再為任何一個微小決定而感到煩躁，讓所有一切都變得不同，只是生活從四面八方壓迫著我，那些曾經讓我微笑的事情，現在卻讓我感到心煩。喝完最後一口咖啡，我承認了一個殘酷的事實：那些小習慣、那些儀式感，是會讓你墜入愛河的細節，也會讓你在它們消失後感到心碎。

沒有人會事先警告你，失去這些小事會多麼令人遺憾。悲傷藏在細節中。在平凡的日常生活裡，失落帶來的影響令人難以承受，只因為賦予這些事物意義的人已經不在了。如今那些在早餐時安詳平靜的談話時光，只有餐具碰撞聲打破的寧靜都消失了。甚至在有些日子裡，寂靜是如此沉重，讓我覺得自己在其中艱難前行，想抓住任何能打破這份沉默的瞬間，任何能填補空虛的東西。總之，現在再也沒有人會把我的意見，當成珍貴寶石一樣收藏起來了。

逝去的美好「食」光

早晨是專屬我們的神聖「食光」。在經營數百萬美元帝國的忙碌紛亂之前，早餐是簡單、可預期、令人感到踏實的。這個儀式以其穩定性，似乎支撐著我們的世界。但在克羅埃西亞那片汪洋上，在我失去摯愛之後，這種原本規律和穩定如今反而讓人感到窒息。原本充滿晨光和活力的廚房，現在安靜得可怕，彷彿時間停了下來。曾經將我們緊密相連的日常作息，現在反而在我們之間創造一個難以言喻的距離。

關於我和JR的早餐想要吃什麼雞蛋的那段對話——天啊，以前聽到都會多令我抓狂。但說實話，那個坐在我對面，啜飲著咖啡，對著盤子裡任何食物微笑的那個男人，比我想像中更深刻地塑造了我。他的存在讓這個世界變得有意義，即使是最微小的儀式也增添了分量，彷彿它們把這一切都連結在一起了。他激發出我的潛能，一種我自己都不知道的深層品格，一顆我不知道自己擁有的心。他把我變成一個領導者，一個可以和他一起建立帝國的夥伴。

我是他的——是他所有頭銜的一部分：他的妻子、伴侶、安珀的母親。而「咪咪」，是孫子們出生後他給我取的名字，這不僅僅是一個暱稱；我是艾登、艾德里安和艾娃的咪咪——他們的外婆。但他開始越來越常叫我咪咪，直到變成一種自然而然的事，我仍然可以聽到他在叫我這個名字，輕柔的低語著，縈繞在他曾經填滿的空間裡。這標記著我們生活中的一次轉變，我在他眼中蛻變的一頁新篇章。這是我們的成長。

可是現在沒有JR了，我覺得自己像是漂浮著，沒有重心，也沒有方向。我盯著爐子發呆，不知道接下來該怎麼辦。

緊抓著熟悉的一切

二〇二二年八月，我在克羅埃西亞毫無預警地失去了JR，過了三個月後，我仍然在最簡單的決定中掙扎，每一天在跌跌撞撞中，試圖努力理解現在感覺很陌生的生活。像是早餐該吃什麼蛋？當你幾乎無法控制自己的時候，最微不足道的事情都承載著世界之重。在炒蛋和歐姆蛋之間做出選擇，變成一場我無法對抗的心理戰。

決定早餐吃什麼所花費的精力，遠超過我所有的其他責任。在我與盤子裡的食物達成和解之前，我無法專注於經營事業、與孫子們玩耍或計畫我的一天。那些再平凡不過的日常，現在感覺都像是一座座的高山，沒有他的引導，我就無法攀登。

為什麼，我沒有早點明白那些該死的雞蛋有何意義？

在美安公司草創初期，只有我們兩個人——懷抱夢想、努力開創、生存下來。當時我們的生活混亂，堆滿文件、咖啡杯和夢想，在大半夜時潦草地寫下只有我們自己才看得懂的想法。我們沒有資金、資源或人脈；只有JR堅定的力量和信念，相信我們可以將一個想法轉化為改變人生的事業。他比我大十八歲，但我們的決心和毅力不相上下。當我擔心人們會如何看待我們的年齡差距時，JR從來不擔心。

「他們怎麼想不重要，羅琳；重要的是你和我怎麼想。」

他是一位夢想家和有遠見的人，而我是那個確保這些夢想獲得無限支持和熱情，並得以實現的人。我在很多方面照顧著JR，也喜歡做「他的女孩」。我們並肩工作，形影不離——從男朋友和女朋友、戀人、事業夥伴，到成為夫妻，一起追逐那個看似不可能，最終成真的願景。他曾經是，也永遠會是我生命中的摯愛，我的靈魂伴侶，而那個人能看到的世界不僅僅是現在的樣子，還有未來。

隨著時間流逝，那個夢想已經成真——它變成一個橫跨九個國家的十億美元帝國，為那些像我們一樣，只需要有人相信他們的人，創造了無限機會。

但將我們緊緊繫在一起的，並非成功，而是愛。當我們從無到有共同建立一切，一起經歷風雨，以及並肩慶祝勝利時，更加深厚的愛。即使在痛苦威脅要將我淹沒的時刻，我仍能感受到這份愛。就像一根生命線，即使在我覺得自己迷失在悲傷的浪潮中，快要漂走的時候，這份愛也能抓住我。正是這份愛，讓最微小的儀式，都承載著某種神聖的重量。

風雨飄搖的帝國

沒有JR掌舵美安，無論是在我的心中還是在公司總部，一切都顯得飄搖不定。公司營收開始下滑，數百萬美元憑空蒸發，彷彿我們所建立的基礎，因為他缺席的重壓下逐漸崩解，再加上全世界正從COVID-19疫情中恢復，以及技術的變革……我有責任阻止損失加劇、積極介入、彌補缺口，並引導每個人朝新的方向前進。

但是，當你失去了羅盤，該如何駕馭一艘船？當那個總是知道方向的人不再站在那裡掌舵時，又該如何辨別航向？日子變得模糊不清，彷彿濃霧般遮蔽了我的視線。我向前邁進，卻感到迷航，像是失去繫繩的船隻，失去那個從很久很久以前就陪伴指引我們的北極星。

在工作時，團隊成員小心翼翼地對待我，滿懷愛與支持，但這份體貼只是提醒我一切有多麼脆弱。我看到他們臉上寫著擔憂，尤其在每次ZOOM線上會議中，他們的眼神難掩憂慮與擔心，當他們認為我沒有注意到的時候，他們在走廊裡交換眼神：

「她還好嗎？」

「她會沒事吧？」

「她真的能接替JR留下的重責大任嗎？」

「她真的願意嗎？」

「她會振作起來嗎？」

「她不需要這麼做，大可以一走了之，舒舒服服度過餘生。她為什麼要這樣折磨自己？」

「有些人就是無法真正走出來。」

「我們愛她，但是……」

與悲傷持續拉鋸

我不知道這些是他們的念頭，還是我心中疑慮所造成的陰影在耳邊迴盪，但這不重要。我盯著電腦螢幕發呆，看著游標閃爍，思緒卻停在走進廚房時的狀態。ZOOM線上會議開始了，我的思緒依舊徘徊在一項項任務之間的空隙裡。在這些時刻，我應該更專注於公司經營，但我發現自己卡在最微不足道的決定中，比如該不該在這週預約牙醫，還是拖到下週。

我知道，自己不能一直逃避公司和事業，無論悲傷如何試圖將我淹沒，或拉進深淵。因為這件事不僅僅關於我——而是「我們」，關於我們共同建立的傳承、JR的願景，以及全世界成千上萬人的生計。

但悲傷是個小偷，偷走我曾經認為理所當然的洞察力和動力。即使我站在懸崖邊緣，知道我應該擔負美安全球集團的領導之責，我仍然被這一切的重擔壓得喘不過氣，失落感從四面八方襲來。當那個讓你相信這項使命的人已經離去，你該如何繼續往前走？世界期待我挺身而出，繼續我們共同的使命。然而，在那些最黑暗的時刻，我無法看到其他任何東西，只看到JR缺席所造成的空洞。

我意識到，在他去世三個月後，我仍然無法獨自面對早晨。世界仍在繼續前進，我也被期望繼續向前行，但事實是，我每天早上依然掙扎著走過廚房的那個爐台。

「早安！ 大家好。我們開始吧！」我以堅定的意志力和一種對JR不尋常的責任感，開始了一天的第一個會議——一種至今我仍無法理解，對JR的承諾。

會議與爭吵過後

我的第一個ZOOM會議演變成令人沮喪、憤怒的爭論，讓每個人都繃緊神經。我失控了。我跟每個人都大吵一架，包括馬克，我的弟弟兼美安全球集團總裁；史蒂夫，另一個弟弟兼SHOP.COM總裁；克里斯帝安，一位副總裁；甚至還有我可愛的女兒安珀，她也在公司工作。我為了那些無關緊要的事情爭吵，像是時間表、細節，還有一些例行公事的決策。

我之所以發脾氣，是因為這比面對真相更容易。我不知道，沒有JR在身邊的情況下，該如何成為每個人需要的領導者。當我一直依賴的那個人離開後，要成為每個人的一切——成為每個人尋求解答的對象——那種壓力實在難以承受。到了下午三點，我已經受夠了，決定回到在康乃狄克州的家，只想一個人靜一靜。

在一陣爭吵過後，安珀傳簡訊來，問她是否應該過來陪我。我告訴她不用。我只想穿上那條綠色運動褲——那條沒有人見過我穿的褲子——躲起來，與世隔絕。我只想沉浸在被淹沒的孤獨之中。

寂靜、空洞的家

回家的路漫長而寂靜，每過一英里都在提醒我，JR並沒有在終點等我。我們在二〇一八年買下這棟房子，這裡是我們的避風港，也是逃離我們所建立那個世界的地方。在這裡，我們只是羅琳和JR，而不是美安全球集團的共同創辦人，也不是人們眼中那對擁有成功事業的夫妻檔。

但現在，這棟房子就像一座博物館，所有東西都被妥善保存，凍結在時間裡，毫無生氣。曾經迴盪著歡笑聲的房間，如今只剩下過去的回音——曾經存在的時光片段，成了空殼一般。我走進屋裡，彷彿走進了前世——那些刻在牆上的每一段回憶，如同幽魂般揮之不去。

現在，只剩下我一個人，試圖弄清楚下一步該怎麼做。我把包包丟在玄關，聲音在空房子迴盪著。我走向衣櫥，換上那條綠色運動褲。走進更衣室，JR的東西還掛在那裡，按照他喜歡的方式完美排列。我仍然無法讓自己移動任何東西，他的每一件襯衫和每一雙鞋都在提醒我，他曾在這裡，我們曾共同生活過。

我離開臥室，拖著沉重的步伐走進客廳；夕陽西下，長長的陰影穿過房間，讓一切都顯得更加空曠遙遠。屋子裡的光線似乎也變了，變得更為黯淡，就像例行公事一樣照亮著空間，如同我此刻的狀態。

我隨意轉著電視頻道，眼睛看著電視卻不知道螢幕在播放什麼內容，只是想找些東西填補寂靜。最後我停在影集《六人行》（Friends）上。

如果JR在，他會取笑我又在看一部我看過一百遍的重播影集，但那種熟悉感卻令人感到安慰。我窩在沙發裡，希望能從折磨我一整天的疼痛裡暫時分心。羅斯和瑞秋在電視裡歡笑打鬧，而我卻麻木地坐著，希望他們的快樂能取代我的痛苦。

少了另一半的萊丁格「夫婦」

但是一堆信件引起我的注意——一堆我一直逃避的信件。我總是告訴自己，稍後再處理，但我知道那是謊言。我只是不想面對信裡面的內容，尤其是那封寫著「萊丁格夫婦」的信封。

這個名字刺痛了我。既提醒我曾經擁有什麼，也提醒我失去了什麼。那是一封婚禮邀請函，「萊丁格夫婦」幾個字，就像一記重拳打在我的肚子上。

「夫婦」這兩個字變得模糊，眼淚湧了上來，「夫」字冷冷地瞪著我。我該如何回覆這樣的信件？當那個「我們」的一半已經不在了，我要怎麼回覆？我不能劃掉他的名字。我不能假裝我只是「羅琳・萊丁格」，好像成為JR的妻子只是一個我扮演的角色，而現在他走了，我就可以脫離這個角色。

「萊丁格夫人」就像是唯一剩下，我與JR仍有關的事物，是唯一能維繫這份連結的事物。我意識到，雖然我依然擁有他的姓氏，但所有其他將我們連結在一起的小事，都像海浪上的泡沫一樣消失了。

我放下信封，讓自己深陷入沙發中。電視上的羅斯和瑞秋對我的痛苦一無所知，羅斯還在抱怨著什麼，錢德勒在開著玩笑，主題曲在背景中響起，以其歡快的旋律嘲諷著我：

「我會在你身邊……」（I'll be there for you……）

但他不在。他不在我身邊。不管我聽多少遍那首愚蠢的歌，都只會讓我想起，我多麼討厭在他離開後，這個世界還繼續運轉。

各種傷痛接連現身

眼淚不請自來，奪眶而出，我獨自對著電視、空蕩蕩的房間和整個宇宙大喊：「你他媽的到底在哪裡，JR？你在哪裡？」

憤怒湧上心頭，變成胸口這股灼熱而撕裂的疼痛，無論我怎麼努力都無法撫平。憤怒轉變成恐慌，恐慌變成孤立。我就像被困在自己體內，對著一個不再在那裡傾聽的人大喊大叫。我想扔東西、砸東西，任何能對應到我破碎內心的東西。但我只是坐在那裡，放聲痛哭。

我哭得喘不過氣，喉嚨因為嘶喊而沙啞，我的心再次破碎。我終於從沙發底下找到遙控器，關掉電視。寂靜，成為我永遠的伴侶。我站在那裡，手中緊握著那封愚蠢的婚禮邀請函，再次思考著該如何繼續前進。

然後，它發生了。後臼齒的疼痛在我的腦海中爆發，其實這已經持續了一個星期，一種沉悶、惱人的疼痛——又是另一個提醒，自從JR去世以來，各種傷痛陸續在我身上出現。但就在一瞬間，這突如其來的劇烈神經痛，把我從悲傷中猛然抽離出來，那種鑽入神經、震盪整個下顎與腦袋的痛楚強烈到令人顫抖，將我從情緒的深淵猛力拽入另一場身體的煎熬。

我用手按著臉頰，試圖緩解後臼齒傳來的持續疼痛。牙醫診所裡一股冷空氣迎面吹來，讓我手臂起了雞皮疙瘩。消毒水的氣味撲鼻而來，交織著遠處鑽牙器具的嗡嗡聲，這聲音聽起來就像是某種重大事件的序曲，遠比補牙更具終結意味。

沉重的標籤

認識多年的櫃檯人員是一位和善的棕髮女士，她帶著禮貌的微笑遞給我登記板。我捕捉到她眼中一閃而過的情緒，那是一種太過熟悉的眼神，就像我在陌生人身上看到的那種眼神，似乎在說我缺少某些重要的東西。就像我衣服穿一半就跑出家門。也許他們就是這樣看我的——一個被失落剝奪一切的女人。

我一隻手拿著登記板，另一隻手心不在焉地揉著疼痛的臉頰。這又是「假裝羅琳很好」俱樂部美好的一天。世界不斷運轉，而我應該假裝自己很好，儘管我幾乎無法支撐自己。我坐進候診室裡的一張硬椅子上，身體沉重，那是一種睡眠無法解決的疲憊。牆上的電視大聲播放著荷達和珍娜（Hoda and Jenna）的節目。她們鮮豔的服裝和開心的閒聊，就像是對我所處世界的殘酷嘲諷。我低頭看著登記板，盯著那些惱人的表格，這在JR去世後成為另一項無止盡的苦差事。

死亡證明、通知社會安全局、保險理賠、銀行、徵信機構、政府機關、遺產和遺囑認證……還有一大堆文件、簽名、電話和會議，一式三份。

我的生活好像變成一張檢查清單，我不斷在表單上畫掉我們所共同建立的一切。

無止盡的清單，每一項都在提醒我，JR已經走了，我們曾經共同建立的一切，現在變成一堆需要分類歸檔的文件，而這還只是我們的個人生活。至於美安全球集團和SHOP.COM的事業——他不在之後，責任變得更加沉重。

我盯著手上的登記板，上面一排排重複的問題。我已經在這家牙醫診所看診很多年了，難道他們不清楚這些細節嗎？我的出生日期、地址，還有上次洗牙的時間。幾個月前，我甚至記不住這些基本資料——我的思緒被困在悲傷的迷霧中，除了克羅埃西亞之外什麼也記不起來。今天，我終於記住這些細節了；也許這是一種進步——在一場我從未報名參加的戰鬥中取得的小小勝利。

已婚、單身、寡婦

我按下筆，從表格的最上方開始。

姓名：羅琳・萊丁格。我當羅琳・萊丁格已經三十六年了。我過去是，也將永遠是羅琳・萊丁格。當我寫下姓氏那一刻，感到胸口發緊，在拼寫出「——inger」時，JR的臉在腦中一閃而過。我的手頓了一下，但我還是強迫自己把字母一一寫在紙上。

電話號碼：區號，七位數字。我趁它們溜走之前迅速寫下來，反正這些日子以來，我也從不接電話。

然後來到讓我內心一切都凍結的部分：三個小選項方框要求我定義自己。

已婚。單身。寡婦。

這些字眼彷彿在嘲笑我，僅以幾個簡單勾選項目，就試圖包含我所失去那一切的複雜性。陣陣的牙疼像一根尖刺，直直插入我的下巴。我把筆丟到登記板上，盯著那些字眼，好像它們可以改變我處境的現實。

選項一：已婚。

我上次來這裡時已婚。我現在仍然已婚。我沒有離婚。我仍然忠於我的丈夫。我沒有離開他。

選項二：單身？

單身，像是從未結過婚？單身，是指目前沒有結婚？我不覺得自己是單身。我感覺……是沒有依靠。

選項三：寡婦。

這兩個字讓我不自覺露出厭惡的表情。它聽起來像是被遺忘在墳墓上那腐爛的枯萎花朵，像是某種軟弱無力的東西。「寡婦」，與我失去的巨大痛苦相比，這個標籤感覺如此錯誤，如此渺小。一個詞如何能定義一段跨越數十年、建立帝國、充滿愛情的關係，而這份愛仍然在我生活的每個角落蔓延著？我的婚姻不僅只是一個勾選框；它是一種生活，一種夥伴關係，一個永無止境的愛情故事。你怎麼能將其過度簡化，成為選項方框裡的一個勾呢？

或許應該再加入幾個選項：傷心欲絕？身心交瘁？形單影隻？或甚至是猶豫不決？也許他們應該加上「情緒崩潰」作為一個選項。

死亡，自動終止婚姻

我的手懸在紙上，但就是下不了筆。我無法選擇這些項目中的任何一個。它們都不合適。失去JR不是一個可以勾選的方框。而且我的牙醫什麼時候開始需要知道我他媽的婚姻狀況了？

我放下手上的登記表，沒有填完。

「萊丁格太太？」一個聲音從檢查室裡傳來。我站起來，故意把登記板留在椅子上，讓他們從X光片中找出我的婚姻狀況吧！也許他們可以從我晚上磨牙的情況，得到一些線索。我走進檢查室，我的下巴緊繃，除了因為陣陣疼痛，也因為固執地拒絕套進別人為我設定的框框。

牙醫證實了我早知道的事實——我有一顆蛀牙。「如果你願意的話，我們可以安排下週回診，」櫃台人員說，登記板又回到她身邊，我那份填寫一半的表格在櫃台上瞪著我。我吞下差點奪眶而出的眼淚，搖了搖頭。「不了。我方便的時候會打電話給你們。」我可以忍受這種痛苦——畢竟，這只是我越來越長的清單上的又一項。但我無法再次面對那些該死的勾選框。我知道自己很不理性，但我不在乎。

回到格林威治，我走進客廳，頭暈目眩，迷失方向。止痛藥開始發揮作用，然後，在朦朧的視線中，我的目光鎖定了咖啡桌，聚焦在那封被無視好幾天的婚禮邀請函上。我拿起它，捂著疼痛的臉頰，心中感到一陣新的困惑。

如果JR不在了，那我還是「萊丁格夫人」嗎？

我咬著下唇，腦海中繞著一些我不知道該如何回答的問題。我還是「太太」嗎？或者我現在是萊丁格「女士」？那個以前被稱為萊丁格太太的女人？這種狀況下正確的稱呼禮儀是什麼？當然，我他媽的還是已婚！我永遠都是JR的妻子。

我把邀請函丟回桌上，心中湧起一股沮喪和反抗的複雜情緒。「一張紙」憑什麼決定我是誰？我還是過去的我——我們還是過去的我們。他沒有離開我，他只是去世了，這兩者並不相同。但隨後，我又看到另一封被我忽略的信封。我撕開它，感覺心臟驟停。

幾個小時後，我的律師打來電話，成為今天最後一根稻草。他告訴我，我的婚姻已經終止了。

根據佛羅里達州法律，死亡會自動終止婚姻——意味著不再有法律責任，不再有任何權利和利益。就這樣。佛羅里達州決定了我的婚姻已經結束，甚至連問都沒有問過我。

但他永遠都會和我在一起。對吧。對吧？

我任由信封從手中滑落。今天，不會有任何結果。這些問題都太難回答，也許這些問題根本就不需要答案。

愛的餘音繚繞

那天晚上回到家後，我坐在餐桌旁，盯著一張白紙。我幾乎不假思索，就開始寫下：

親愛的JR，

答案是「太陽蛋」。我很抱歉，每次你問我，今天想吃哪種煎蛋時，我都會感到不耐煩。我現在明白了，這根本與蛋無關——而是關於我們。如果你明天再問我一次同樣的話，我會告訴你，「太陽蛋」。每一次都一樣。

永遠愛你的，羅琳。

這一次，眼淚來得較為輕柔，就像悲傷在那一刻得到了撫慰，哪怕只是片刻。眼淚再次落下，但這一次不再帶著怒氣了。

悲傷是種奇怪的感覺；它並非總是帶著尖銳的痛苦，或是撕心裂肺的哭泣，有時只是靜靜地，像是一種柔軟的擁抱，包圍著你身體的每一處，提醒你失去了一些無可替代的東西。

我把信折好，放在桌子上，就像JR總是會在第二天早上找到它。

但他不會了。

我的領悟：當愛超越失去

當我帶著沉重眼皮爬上床的一側時，我突然想到，如果不是曾經那麼用力地愛過JR，就不可能如此悲痛。失去所愛，伴隨著那份無盡的悲傷，如同被無情的潮汐所吞噬，令人難以忍受，只因我們曾經擁有如此深厚的愛。

悲傷就像是一片陰影——因為投射出它的愛太耀眼，所以顯得格外巨大。雖然我不知道如何擺脫這種悲傷，雖然每天都感覺像是在沒有岸邊的汪洋中掙扎著踩水，但我開始明白，自己之所以被悲傷所淹沒，是因為我們曾經擁有的愛，比任何悲傷的更堅強、更加獨特、更加有生命力。

悲傷，是愛的延伸。愛得越深，悲傷也越深。它是曾經光明的陰影面。儘管這份痛楚令人窒息，彷彿要將我吞噬，但也讓人感到莫名的安慰，因為這份痛，正是我那無邊無際的愛所留下的回聲，是那份愛成就了今天的我。悲傷，儘管難以忍受，但並不會抹去那份曾經的愛。反而證明當我們還擁有彼此時，我們愛得如此全心全意、轟轟烈烈。而現在，人生成為一場關於「失去之後」的旅程。

或許我不知道如何控制悲傷，但有一件事情是肯定的：我們擁有的愛，我們建立的生活，遠遠大過失去所帶來的痛。正是意識到這一點，讓我即使在無法想像如何繼續下去的時候，能浮出水面、堅持下來。

這就是我所學到的——**悲傷之所以存在，是因為愛先存在**。而那份愛，即使現實已不在，卻仍然是一道可以依靠的光，引導我穿越黑暗——即使我有時候感覺不到它的存在。而那份愛，即使在失去後，依然擁有支持我們的力量，讓我們在絕望中堅持奮鬥，不被潮水吞沒，並提醒我們：我們所分享的愛，比死亡所能奪走的任何一切都還要強大。

第4章

壓力下的崩潰

無法承受的失去

我蜷縮在床腳，緊緊抓著他們忘記的、那張JR睡過的床單，他們曾把他放在上面，嘗試一切辦法救他的那張床單。

如今，這張柔軟的奶油色床單承載著我無盡的絕望。我的臉頰緊貼著它，我的手死死抓著其中一角，我注意到頭髮上纏著幾滴乾掉的血跡，但我沒有動，就這樣躺著，抓著他最後一件有形的東西。

接著，我聽到樓上傳來杜魯門的聲音。

「羅琳，羅琳，快上來。」他的聲音劃破了迷霧，但我卻幾乎沒有抬頭，試著以不動身體的情況下望向樓梯上方。「羅琳，你絕對不會相信的！他們把他從船上帶下來後，進行最後一次搶救，終於——我的天啊，羅琳。他回來了。他還活著。快起來。他在找你。」

JR還活著？

希望像一記殘酷的耳光，讓我從睡夢中驚醒，又被拉回到他已經離去的無情現實中。

自克羅埃西亞下船後的那段日子，我陷入虛假希望和殘酷真相的循環中。「保持清醒」意味著我不再用不可能的夢想折磨自己，但也意味著我像一個痴迷於破案的偵探一樣，反覆審視每一個時刻、每一個細節。

「你的丈夫走得很安詳……他甚至不知道那是最後一口氣，」驗屍官向我保證。

「證明給我看。你怎麼知道他走得很安詳？」我追問，迫切地想要找到任何可以解釋這場噩夢的信息。

我質問每個人——從船長到杜魯門、馬克、瑪麗亞，甚至連船上的廚師都不放過。我一遍又一遍問著同樣的問題，拚命尋找任何蛛絲馬跡來解釋這一切。我甚至寫信給克羅埃西亞大使。沒有任何人逃過我的質問。

在那些地獄般的日子裡，我按部就班度過每一天，不是出於自願，而是出於某種超越我自身的力量。我們靠岸幾分鐘後，JR不復存在的現實轟然襲來，好像有無形的線在操控我，引導我完成那些「不得不做的事情」。

JR去世後第一天

謠言已經滿天飛，我們必須向外界發布消息。

JR是成千上萬人的領袖，美安全球集團和SHOP.COM的董事會也在等待解釋。有人說JR從船上摔落，這是我們需要立即更正的荒謬謠言。

但最困難的部分是安珀；她和孩子們在漢普頓，我不能讓安珀從八卦新聞或陌生人那裡聽到這個消息。我們不想讓她以這種方式得知，必須有一個她信得過的人，當面親口告訴她這個令人心碎的消息，並在她可能崩潰的時候扶住她。雖然我沒辦法親自到漢普頓，但我可以派我們自己的人去。

我安排了我們的莊園經理安傑，要他在接到電話的時候，第一時間趕到安珀身邊。我們希望由他先告訴安珀，因為孩子們前往參加漢普頓經典賽，還在場上進行馬術比賽，而她正在觀眾席上。我們打算等到比賽結束，等她到一個隱密的地方再說。但時間不等人，安傑從市區搭直升機趕到，但當他降落、孩子們上車時，消息已經傳出。

馬克不得不打這通電話。他用我的手機打電話給安珀，當她接起電話時，沒預料到不是我打的電話，還以為是我出了事。但並不是我。「是你爸爸，」馬克說，我聽到她和孩子們崩潰了。我坐在房間角落的地板上，當馬克告訴她時，我尖叫起來。我希望他停止說話，不要說出那些無法收回的話。當時我也透過電話聽到那一端傳來他們的哭喊聲。

同一時間，我在船上帶著董事會草擬對外發布的聲明。最終，由我弟弟史蒂夫根據我的想法寫下這份聲明，每個字都承載著真相的重量。我們安排發布聲明的最佳時間——但在此之前必須讓安珀最先知道，以防止謠言擴散、蔓延。只是當安珀知道真相當下，我卻崩潰了，就像是被剪斷所有操控線的傀儡般，整個人癱軟。

帶著遺憾的哀傷老婦

第二天早上開始，我每天都去殯儀館看看JR，陪在他身邊。我會為他帶換洗衣物，為他梳頭，並坐著陪他。我不願讓他離開我的視線。我知道大家都很擔心我，但我自己清楚，和他在一起才會比較好。我也在等克羅埃西亞大使來電，告訴我們什麼時候可以回家。

這位大使很了不起，她一直在幕後幫忙一切，但沒有人知道到底需要多久時間。每個人都在幫忙打電話，包括大衛・貝克漢（David Beckham）、維多利亞・貝克漢（Victoria Beckham）、亞雷漢德羅・桑斯、市議員、州長、參議員……大家都在想辦法帶我離開那裡。在安珀要求下，亞雷漢德羅親自飛往克羅埃西亞陪伴我和馬克，盡其所能提供幫助。

第三天，當我去殯儀館陪JR時，遇到一位同樣沉浸在悲痛中，但很明顯帶著憤怒的老婦人。她在那裡簽署她丈夫的安葬文件，她的啜泣聲在寂靜中迴盪，在那一刻，她毫無掩飾的悲傷殘酷地映照著我內心的痛苦，彷彿我們兩人正在同一種痛苦的不同深淺中溺水。

這位老婦人的哭聲與我聽過的任何哭聲都不同，那種來自喉嚨深處的、破碎的聲音，讓人聽了難受，卻又無法忽視。當我輕聲問她丈夫是怎麼去世的，她告訴我是因為心臟病發作。她相當悲痛，她的聲音顫抖著，解釋她的眼淚不僅僅是因為丈夫的離世，還有他們因為丈夫工作而分離兩地的那些歲月，以及他們永遠無法挽回的時光。

他們結婚四十多年來，這是第一次共同出遊，為了參加一場婚禮。老婦人比我年長，也充滿憤怒——氣他們從沒去過那些說好要一起去的旅行，沒做過那些曾經承諾要一起完成的事。

有一瞬間，我心懷感激。因為JR和我一起做過所有事情，我們從未長時間分離。或許這就是為何老婦人的哭聲聽起來不同——那是一種遺憾的哭聲，而那份遺憾，是我永遠不會懂的。也許有內疚，但絕不是後悔。那種聲音透露著一種半途而廢的生活，聽著令人心痛。但我也感到欣慰，甚至感激，因為我們沒有那種遺憾。

然而，當我意識到這一點，感激之情平息下來時，現實的重擔又悄然襲來。

那位婦人的悲傷一直縈繞在我的腦海裡，但我卻不得不面對眼前的嚴酷現實。死亡帶來的實際細節，毫不留情地撲面而來。

我們一起回家吧

到了第五天，我接到電話，他們說可以帶JR回家了。第五天就能離開是前所未聞的，但事情就這樣發生。他們會在私人機場把JR交給我。

當我們到達機場時，現實的打擊如雷轟頂。我坐在那裡，等待飛機起飛，手裡拿著他們交給我的文件夾，裡面是JR的死亡證明。他們告訴我，一共有十五份。「你回家後會用得上。」還有一封寫給國務卿的信，我需要在落地後簽署。我獨自坐在機場的一個角落，無法相信這一切是真的。JR曾經那麼渴望這趟旅程，但如今我卻要帶著他的屍袋離開——該死的屍袋。

接下來，才是最糟糕的部分。他們告訴我，JR無法裝進飛機的硬式箱子裡。我不知道那是什麼，可能是某種棺材，但他們裝不下，所以建議把他放在貨艙。我拒絕了。我告訴他們，把他從那個箱子裡拿出來，直接放在沙發上。我不在乎這聽起來有多麼瘋狂，如果必要的話，我會自己動手。

感謝上帝，飛行員說：「讓我來幫你吧！」他承諾會把我們倆都送回家。於是他協助把JR安置在前面的沙發上，讓我坐在後面的沙發。每次馬克和瑪麗亞睡著時，我就會偷偷溜到前面去。我就是無法讓他一個人待著。

在回程的飛機上，我在那些安靜的時刻對著JR低聲細語，知道我們正在並肩完成最後的旅程，這讓我感到一絲安慰。

當飛機抵達時，已經是深夜，大約凌晨四點。我記得，當時我們必須更換機場，因為有媒體在原先預定的第一個機場等候，所以我們轉至甘迺迪國際機場。飛機降落時，安珀已經等在那裡，但孩子們不在場，現場還有杜安和一些處理文件的州官員在等待。他們先把JR抬下飛機。我站在那裡，注視著他們第一次把他帶走，安放進靈車裡，我永遠不會忘記安珀是如何走過去，透過塑膠袋短暫碰觸她父親一下——就一下——然後和我一起上了車。

抵達後第二天清晨，也許是兩個小時後。我回到家後，幾乎都沒有闔眼。我一下樓，就發現安傑和馬克在打電話。JR的遺體出了問題。他們把電話遞給我，就在那時我被告知——他看起來沒有經過防腐處理。

對方說，JR的遺體看起來沒有經過防腐處理，已經開始腐爛；但遺體上又有一些痕跡，表明曾有人試圖進行防腐處理。在那一刻，我知道問題很嚴重。調查顯示，阻止防腐液流入JR身體的血塊，比任何人預料的都要大得多。

我馬上致電克羅埃西亞的殯儀館主任，他解釋說，這種併發症只出現在來自美國和其他國家施打加強疫苗的人身上。血塊又大又長又黏稠，導致液體無法正常在JR的身體流動。他們表示已經盡力進行防腐處理，但效果不佳。儘管他們努力過，但當我們降落時，JR的遺體已經開始出現腐爛跡象。

他們明知故犯地簽署文件，只因為不得不——否則，我就不能帶他回家。這是法律層面的問題，遺體必須經過防腐處理才能空運。所以，他們做了、也簽了字，儘管防腐處理未盡完善。最後，他們還是算幫了我一個忙。

至少我們終於一起回家了。

手機裡的訊息、照片

日子一天天過去，週而復始，每一天都模糊不清，充斥著悲傷和麻木的例行公事。我彷彿漂浮在其中，與世隔絕，就好像從遠處觀看我的生活一樣。但隨後，一個時刻刺破了迷霧，迫使我集中注意力。

我發現自己站在我們臥室的中間，一隻手拿著JR的手機，另一隻手拿著自己的手機。它們的沉重令人震驚，就好像這些小小的設備承載著我們共同生活的全部負擔——我們的愛、歡笑、爭吵和歷史。一陣恐慌向我襲來，我突然意識到，自己手中握著的是證據，不僅僅是我們愛情的證據，更是我辜負他、那些我悔不當初的證明。

我想像JR正在去天堂的路上，在一個介於兩界的過渡等待區，他們會把你的人生文件處理成前世檔案，他可能會心血來潮想重讀生前的簡訊。我需要確保他讀到的是真實的我們，而不是憤怒、沮喪或輕蔑的我們。我不能讓他進入天堂時，認為我們不是靈魂伴侶，而是一切都還是完美的。我不希望JR認為我們之間曾有過任何問題。

我顫抖著雙手，解鎖了我的手機，瀏覽著我們之間的簡訊。這就像打開了一個時間膠囊，每則簡訊都是一個既熟悉又遙遠的生活快照。但是，我沒有在這些記憶中找到安慰，反而被一種不斷增長的恐懼所吞噬。我不僅僅是在閱讀我們的愛情故事；我還在重溫每一次爭吵，每一次沮喪的時刻，以及我曾經粗心傳出去的每段文字。

恐慌緊緊地抓住我。我不能讓這些話留在那裡，我不能讓這個世界——或者JR，無論他身在何處——這樣記住我們。我需要刪除那些證據，改寫內容，並確保留下的只有愛，只有我們最好的一面。

我開始刪除那些訊息，手指在螢幕上飛快地移動。滑動、閱讀、刪除。滑動、閱讀、刪除。這個過程是機械式的，幾乎是自動的，但每次刪除都感覺像是一次小小的救贖。我試圖清理我們的過去，淨化它，讓它配得上我們的愛。在某個時刻，我停下來，意識到我即將刪除一則關於JR忘記買牛奶的簡訊。「不，」我想，「這個世界不需要知道，即使是靈魂伴侶也會忘記基本的事情。」但隨後我又笑了。JR會覺得這很有趣——他會說，即使是天堂也需要一張好的購物清單。

留存那些不完美記憶

但當我繼續時，有個發現讓我停住了。我在手機上刪除的簡訊通常都很尖銳和簡短，這些都源於沮喪或疲憊。

「去你的，JR。那你來處理。」

「你沒有在聽。」

「我不在乎。」

當我在手機裡刪除訊息到只剩下一堆親吻表情符號和情話，偶爾夾雜著「親愛的，能不能幫我拿一下……」之類的訊息後，我開始查看JR的手機。

但當我切換到JR的手機時，故事卻截然不同。他的簡訊充滿愛、耐心和日常的甜蜜，而我卻認為這些都是理所當然。在無數的簡訊中，他會關心我，開些小玩笑來緩解我的情緒，或者只是說：「我愛你。」

當我瀏覽他的簡訊時，眼眶泛淚，我現在才明白自己錯過多少這樣的時刻，有多少次因為太忙或分心，沒有完全欣賞他的付出。他的手機裡充滿我們生活的真實時刻，那些講述我們真實故事的片段——混亂而自然、未經修飾，即使在我們的不完美中也充滿愛。

一張他拍我大笑的照片吸引了我的目光，儘管笑得前仰後合、頭髮淩亂，我記得那一刻——不是照片本身，而是當時的笑聲，他拿一些瑣事取笑我時，他存在所帶來的溫暖。這是一張再自然不過的生活照，與我一貫精心策劃的形象相去甚遠。但它是真實的。還有數百張類似的照片——孫子、孫女的照片，有些模糊不清，有些失焦，但都捕捉到我們混亂而美好的生活精髓。

我癱坐在床沿，把兩支手機緊緊抱在胸前，眼淚開始不由自主地落下。為了抹去我們不完美的證據，我幾乎抹去了愛情的證據——我們真正的愛情。那種歷經爭執、誤解、生活中日常紛亂後，依然能存續的愛——或許並非總是美麗，卻永遠真實。

那時我才意識到，我不需要刪除任何東西。我和JR的愛情並不完美，卻是屬於我們的，是真實的，而且足夠了。他知道這一點，而我在內心深處也知道。

慢慢地，我把兩支手機都放在身邊的床上。我深吸一口氣，讓情緒來來去去席捲我。我不需要改寫我們的故事，我只需要記住它，抓住它，珍惜它——所有的一切，好的、壞的，以及介於兩者之間的一切。我讓自己感受到我們共同生活的全部重量——曾經充滿我們生活的愛，以及現在充滿我內心的失落——並明白我不需要逃避真相，而是要把這些帶在身邊，讓它在我的心中保持鮮活，如同JR所希望的那樣。

充滿想念的生命慶典

九月，我們在家裡的後院為JR 舉辦了一場生命慶典。我們沒辦法邀請每一個人參加這場動人的儀式，所以活動是邀請制的。當天四周圍繞著大約一千名的事業領導人。現場還安排無人機在空中盤旋，拼出他的名言：「我相信你」和「持續成長」。

我把後院打造成他昔日工作的聖殿，那些他在大型活動中所使用的舞台道具，包括太空船、鋼索、倉鼠滾輪……全都在這裡，就像他在舞台上展演的一樣。我甚至安排一輛十八輪大卡車，把這一切、所有他多年來用來與人們建立連結、激勵他們的所有東西，都從格林斯堡的總部辦公室運來這裡。

這是第一次讓現場來賓可以親自走進太空船，在倉鼠滾輪上行走（需要一些幫助）。格林斯堡辦公室的同事們都認為我瘋了，為何要如此大費周章把這一切都搬到康乃狄克州，但我不在乎。我要讓JR知道，對我和所有認識他的人來說，他所做的一切都沒有被忽視，他所建立的一切都很重要。

如今，當我望向後院時，舉目所及都是他——他的存在，他的志業，填滿整個空間。

十月在邁阿密舉辦的生命慶典，同樣感人至深。只是深陷悲傷的我，雖然想讓這場慶典活動完美無缺，卻無法釐清頭緒，所以艾莉西亞・凱斯提出要與安珀一起策劃和安排，從頭到尾都由她們處理一切。這場活動非常令人動容，充滿許多感人和神奇的時刻。我知道，JR會為此感到驕傲。

大家都聚集在一起紀念和慶祝他的一生。珍妮佛・羅培茲為慶典拉開序幕，發表一篇感人的演講，講述JR對她生活的影響，以及他們之間的特別情誼。還有一些熟識親密的友人，包括傑米・福克斯、DJ卡利（DJ Khaled）、喬瑟夫（胖喬）、斯威茲・比茲（Swizz Beatz）、班・艾佛列克、亞雷漢德羅、拉拉・安東尼和傑・魯（Ja Rule），也紛紛上台講述他們與JR之間的故事和特別時刻。當晚的壓軸節目是一場音樂劇《帝國之心》（*Empire State of Mind*），舞台上星光熠熠，足以媲美葛萊美的紅毯。

共體悲傷的烏托邦四號

從克羅埃西亞回來幾週後，馬克說服我搬到位於紐約的「烏托邦四號」住一陣子，既是為了換個環境，也是為了更靠近安珀和孩子們的策略性安排。

因為「烏托邦四號」的空間夠大，足以讓我們都住在一起，而且暫時搬到那裡靠近孩子們，不用每天都要開車穿越紐約的繁忙車流。安珀的公寓就在船對面的街道上，這使得馬克的提議更具可行性。我當然也明白，這樣一來，馬克也可以在他自己位於切爾西碼頭（Chelsea Piers）船塢街對面的公寓休息，不必來回奔波到格林威治照顧我。

自從JR去世後，我第一次回到「烏托邦四號」，就像重新揭開一道舊傷疤。這艘船並沒有出海，而是一直停泊在那裡。我們不是為了放鬆或逃避才回到船上，而是把我們的哀悼團體搬到另一個地方。

我們繼續在船上工作，把自己錨定在一個既舒適又實用的環境中。那些日子充滿悲傷，前來弔唁的人們絡繹不絕。在我們哀悼的那幾週裡，很多人來探望安珀和我。也有律師來讓我簽署文件，「感謝上帝！」有馬克在，他一一審閱每份法律文件，並確保我知道簽署的是什麼。而我依然沉浸在「我們本應該擁有更多時間」的哀悼期中。

在這段期間，自JR去世後，第一次來看望我的還有拉拉．安東尼和瑟琳娜．威廉絲。拉拉先到格林威治，並在第一次生命慶典期間和我待在一起，她留宿了一晚，給我極大的支持，也幫我們搬到船上。

隔天，就在我們搬到紐約後，瑟琳娜前來船上探訪。我們的情緒都非常激動。這裡毫無陽光明媚的度假氣息，我們隱匿於黑暗之中，深陷悲傷。這些拜訪不是為了沐浴在陽光中，或悠閒地乘船遊覽，而是讓我們直接面對集體的悲傷，在我們最黑暗的時刻互相扶持。

安珀經歷了一段難熬的日子。某天晚上，她因為睡覺時拉傷鎖骨肌肉導致無法轉頭。我打電話請一位治療師來幫她按摩脖子，這又是生活的一個小小提醒——不管我們正面對何種艱難，生命總會繼續拋出更多挑戰。

當治療師為安珀按摩時，她顯得非常痛苦。我專注地看著，期盼透過關懷眼神能讓她減少並早點擺脫痛楚。

安珀一直說自己的脖子有多疼，突然間，一件我以為已經忘記的事情，又突然浮現在腦海中。我記得，那天JR並不想按摩，我告訴他：「放鬆，按摩一下，會很舒服的。」他拒絕了。「我不想，」他沮喪地說，而我還在繼續勸說。「你應該去，會感覺好點的。」最後，他屈服了，卻有些惱火。那是一個非常奇怪的時刻。我不明白他為何如此抗拒，或者我為何如此堅持。

悔不當初卻無能為力

然後，這件事就像一噸的磚頭般擊中我：是我逼他去按摩的。現在，我能想到的只有，為什麼我當時不能讓他好好放鬆就好？我的嘴巴張開，語無倫次的話語，如同網球場上的一顆顆飛球，紛紛掉落出來，而瑟琳娜試圖一一接住。

我拿起自己的電腦，瑟琳娜說：「別這樣對自己。不要去查那個。」

這些話絕望地脫口而出。

「我擔心他的膝蓋。」

「我想按摩可能會幫他放鬆。」

「我擔心他的膝蓋。」

「我想按摩可能會幫助他放鬆。他的膝蓋帶給他太多困擾。」

我的聲音顫抖著，「瑟琳娜，當時他拒絕了。他說了好幾次『不要』。」

我的話語如同潮水般洶湧衝出，毫無章法，「我沒有聽。」

「我以為他只是固執。」

「為什麼要帶著僵硬的膝蓋去度假？」

「我煩他，嘮叨他。」

「我叫了按摩，是我逼他去做的。」

「如果我……按摩……該死，該死，該死。」

我哽咽著說道，這份殘酷的領悟像海嘯一樣，鋪天蓋地而來。

瑟琳娜坐在我旁邊，安珀結束了按摩，按摩師已經消失不見。安珀沒有靠近；她還沒有完全回過神來，畢竟這還是她第一次聽說關於按摩的事。

「羅琳，不要這樣。」當瑟琳娜看到我伸手去拿iPad時，她的聲音堅定而帶著懇求。「羅琳？羅琳。不要這樣對自己。你不可能知道的。你不知道。你不會知道的。羅琳。」

谷歌也搜尋不到的答案

我拿起iPad，輸入密碼，開始谷歌搜索。

「你無能為力，」瑟琳娜重複著，就像其他人說的那樣。她跟JR和我如同家人一樣親近，而且她對「肺栓塞」並不陌生。

瑟琳娜第一次經歷肺栓塞是在二〇一一年，當時導致她住院，健康一度亮起紅燈。到了二〇一七年，她生下女兒奧林匹亞後，又經歷第二次的肺栓塞。那次發生在她緊急剖腹產後不久，因此增加了康復的複雜性，甚至必須進一步接受置入血栓過濾器的治療，以防止更多血塊進入肺部。她是肺栓塞的倖存者，但我無法接受她在這個問題上的經驗與權威，或者我不願接受。

自從JR去世後，我們幾乎每天都會聊聊。她總是給我建議，分享她的智慧，有時只是傾聽我的哭泣。尤其是在我們深夜通話時，她的聲音撫慰著我，但即便如此，在我被悲傷的風暴席捲，當她告訴我這不是我的錯時，我還是很難完全聽進去。

「羅琳，你能得知他患有血栓的機率非常小。即便如此，你也無法解決這件事。」

但我就是無法停止在谷歌上搜尋不同的答案。

JR有生物學背景，是我們的「家庭醫師」，能正確診斷出毒葛、手腕扭傷或乳房腫塊。但是這一次，他怎麼會錯過這麼重要的訊號呢？

我實在無法接受這個事實。我怎麼會不知道有血栓？我自己也有過血栓——二〇一五年，我被診斷出有腦動脈瘤。我永遠不會忘記，我的手突然變得像被報紙抹過一樣灰白，我在工作時覺得下巴像是被電流擊中，有一股電流竄過我的嘴巴。在多次核磁共振（MRI）、檢查、掃描，最後進行腦血管磁振造影（Brain MRA）之後，發現我的大腦後部中央有一個巨大的動脈瘤。大多數醫生都不願意碰它。他們說要觸及動脈瘤的位置太深太危險，我可能會在手術中死亡或中風。

但透過我的朋友拉拉・安東尼和卡梅羅・安東尼（Carmelo Anthony），我們找到最好的神經外科醫生阿曼・帕特爾（Dr. Aman Patel）。帕特爾醫生是腦血管內視鏡手術的專家，我的手術得通過腹股溝的靜脈進行切口。

儘管當時這種手術仍在實驗階段，是一次冒險的嘗試，但手術結果很成功。醫生在我身上植入線圈和支架來阻斷動脈瘤，謝天謝地，手術後我的健康狀況一直穩定。正如JR所說，現在我也有了一個「閃閃發光的大腦」。

不斷自責與自問

JR和我一直非常注重個人健康，尤其是考量到我曾得過的各種疾病和我父母的健康史；我們不可能錯過這些事情。如果我們早知道，就可以及早處理。只差兩天，我們就要去西班牙馬德里看醫生。為什麼上帝不能多給我們四十八個小時，讓我們修復他的膝蓋問題呢？為什麼？

我想起上星期和克里斯帝安，聊了二十多次的對話內容。

「他媽的！我們離治療他那該死的膝蓋才差幾天，」我尖叫著，沮喪和憤怒沸騰了。「這就是為什麼在過去幾週裡他的膝蓋越來越僵硬。因為有血栓。」

我繼續說著，因為氣急敗壞讓臉頰不斷發熱，「這就是為什麼他的血液檢查結果異常，而這些都是在他接種第二劑COVID疫苗加強劑幾週後。他們現在說，這會在某些人身上引發血栓。」我停頓一下，喘了口氣。

克里斯帝安總是冷靜而理性地插話說：「他原本的膝蓋問題讓我們沒有發現血栓。」

我點點頭，感到無比內疚的重擔壓在身上，「正因為如此，我們都感到更加內疚。」

回到美國後，我不斷問克里斯帝安：「JR在後台有表現出什麼不同？JR抱怨過膝蓋嗎？他是怎麼說的？他疼嗎？」我一遍又一遍折磨著自己。「我們怎麼可能沒注意到呢？」

克里斯帝安嘆了口氣，充滿著我們共同的悲傷與無能為力。

但我仍執拗地追問，「JR在舞台上怎麼樣？在後台呢？他抱怨過嗎？他有什麼不同？」

「羅琳，他在整場活動過程都欣喜若狂。這個事實讓我的內心感到平靜。」克里斯帝安和我一啟陷入絕望的汪洋之中，但他還能奮力踩水，不至於滅頂。

「是的，」我同意，仍然在掙扎。「這一切都毫無意義。這毫無道理。他很快樂、很健康。他媽的。他一生中只有一次，他的血液檢查不正常，」我繼續說道。「他的血小板不在正常範圍內。醫生說，這可能是個錯誤或失誤，我們會重新檢驗。那是他的血液檢查唯一一次不完美⋯⋯」

他的最後一口氣

「羅琳，」克里斯帝安很少打斷我。「我們已經談過至少二十次這樣的話題了。但每次都沒有讓心裡好過一點。」

我回想起他們把JR從船上帶走後的第二天，我用各種問題轟炸驗屍官。

「你看到他呼吸的那一口氣，就是最後一口氣，」驗屍官說。「他屏住了呼吸。我相信他當時一瞬間是害怕的，但那是他的最後一口氣。」

克羅埃西亞的驗屍官辦公室非常確定JR死於肺栓塞，以至於他們沒有建議進行屍檢。克羅埃西亞和格林威治的禮儀師，根據發現他遺體時的細節，都提出一致的判斷，種種跡象也都支持這個說法。

「他無法走回床上，」驗屍官說。「如果他在等你，他應該會躺在床上，而不是在地板上。他為什麼會坐在地板上呢？不，他是倒在地板上。如果他在等你，他會坐在床上，然後向後昏倒在床上。」這幾個月以來，我不斷在腦海中重演這段對話。

我聽說，有些人在臨終前一刻可以聽到親人說：「我還沒有準備好讓你離開。」這些彌留之際的人在聽到後，竟能起死回生，想來是被那充滿愛意的懇求所喚醒。

我經常想，我是不是沒來得及說那些話？要是早知道該說什麼，JR或許就不會離開我了。

我在折磨自己，明知道是在折磨自己，我卻無法停止這樣做。在某種程度上，這種自我懲罰是可以接受的，因為我覺得這是自己應得的。

你可能聽過這樣的故事——有些人在臨終前無法開口說話，或者他們表示自己必須坐下來，或是他們感到虛弱無力，甚至他們大喊：「我還沒有準備好！」儘管我的父母都已經離世，其中我的母親更早就離開了，所以我對「死亡」並不陌生，但從未像這次如此親身經歷過這樣的死亡現場，我和JR相處的時間比生命中的任何人都還要長久，這種感覺就像是被截肢一樣。

當你失去的是一切，沒有任何一種悲傷是平常的。

原諒不可原諒的自己

「羅琳，你真的無能為力。」我能感覺到自己的前額稍微放鬆了一些，因為這些念頭不斷在我的腦海中轉動，像在倉鼠滾輪上打轉一樣。

然後，瑟琳娜問了我一個問題，馬上讓輪子停止轉動，也讓我永遠不會忘記。

「如果當時你的女兒安珀在現場，你會怎麼做？」瑟琳娜問我。「如果她對你說，『媽媽，我無法面對那一幕。我不能看到爸爸那樣，我不想在那個情況下看到他的臉，我想記住我們以前的樣子。』你會生她的氣嗎？」

「不，當然不會，我會完全理解她，」我立刻回答，「我還會加倍去愛我的女兒，瑟琳娜。」我會緊緊抱著安珀，安慰她，說任何可以減輕她痛苦的事情。

「那你為什麼不能原諒自己？」瑟琳娜說著，將這句話放逐到海風中，像是飛起的一隻海鷗，在我們頭上無聲地翱翔。

那一刻，一絲微弱的光線穿透了我悲傷的烏雲。透過另一個人的視角——我的女兒——這個我無條件所愛的人，來看見自己的行為，也要對自己付出同樣的寬容。我必須接受這個事實：看到自己摯愛的丈夫倒在地板上時，沒有人會有「正確」的反應。我深深吐出一口氣，說了一句只有自己能聽到的話：「他原諒你了，羅琳，他愛你。」

封存衣物與記憶

日子渾渾噩噩，一天天過去，一片悲傷和難以置信的迷霧，把每一分鐘拉長成每一小時，把每一小時延伸成每一天。時間成為一個失去意義的概念。

我在悲傷的海洋中漂流，現實的尖銳邊緣被失去的巨大沉重所鈍化。然而，這片迷霧中仍有一些錨點——那些微小而有形的事物，將我與JR的記憶連結在一起。他的物品散落在格林威治的家中，那是我們共同生活的印記，如今，沒有了他，它們的靜止不動，顯得十分詭異。

回到格林威治就像走進一個截然不同的世界。這間房子曾經充滿他的笑聲和日常生活的喧囂，如今則靜靜地矗立著。寂靜壓在我身上，彷彿是一種令人窒息的重擔，讓我的每一步都變得無比沉重。原先熟悉的環境看起來很陌生，好像連牆壁都在悲傷，哀悼著曾經用滿滿活力能量填滿每個角落的那個人。

在這種沉默中，恐慌開始蔓延——一種深刻的、原始的恐懼，啃噬著我理智的邊緣。這個想法讓人難以忍受，我感到一波絕望的浪潮席捲而來。

出於本能，我開始帶著一種瘋狂的緊迫感在屋子裡穿梭，我的心臟怦怦直跳。我翻遍了衣櫥，拿出他在克羅埃西亞旅行時穿過的衣服，這些衣服仍然保留著他的氣味，是有著泥土味、溫暖、獨特的JR氣味，這是我的救命繩索，是我與他最後的有形連結。

我把他的襯衫緊緊貼在臉上，深深吸氣，試圖捕捉它、抓住它，讓他的氣味充滿我的肺部，就好像它是某種我可以永遠保存的東西。

但我知道這個氣味不會持續太久，氣味終會消散，就像記憶終將模糊。一想到連那最後那一絲殘留的氣息也會失去，我會再次、以這樣微小卻殘酷的方式再次失去他——那種痛苦幾乎讓我無法承受。

時間也「請勿觸碰」

我從廚房拿出一疊大號密封袋，開始有條不紊地封存JR的衣物。處理過程中帶著敬意，就好像每一件衣物都是神聖的文物般。他最喜歡的運動服，是我們晚上放鬆時他穿的那套；他的帽子，仍然維持著他戴過的頭型；他的T恤，經過無數次洗滌後變得柔軟……我把這些所有的細節，也都小心地折疊起來，放入密封袋。拉鍊闔上的聲音，感覺像是一種我尚未準備好接受的終結，但我堅持著繼續，試圖以這種仔細封好每個袋子的決心，保存他的靈魂。

接著我在這些密封袋上貼滿便條紙，用粗體、絕望的文字寫下：「請勿觸摸」。彷彿寫下這些文字就可以命令時間靜止，讓那可能流逝的氣味留在那一刻。這些密封袋是我緊抓住他、留住他的方式，讓他在一個感覺越來越遙遠的世界裡保持親密。

但隨著日子變成數週，那熟悉的氣味開始消散。密封袋無法阻止時間流逝；每過一天，他就離我更遠，而曾經驅使我保存他氣息的恐慌，最終化為無法言喻、令人窒息的絕望。

充滿房間的氣味

有一天，我在絕望中鼓起勇氣，走進JR的浴室。這個空間裡仍然保留他生前所使用的日常生活用品——他的牙刷、刮鬍刀和修臉潤膚露。猶如一座聖殿，自從他離開的那天起，一切就沒有動過。

就在那裡，放在櫃面上，他的古龍水好像在等著我。

JR只用過兩款古龍水；都是我可以隨時隨地辨識出的氣味。首先吸引我目光的寶格麗（Bulgari），熟悉的黑色和銀色標籤，在黑色大理石檯面上顯得格外醒目。我伸手去拿時，雙手微微顫抖，光滑的玻璃瓶身感覺很涼。我把瓶子緊緊握在手中，盯著它，就像盯著一件來自另一個生命的遺物一般。

我深吸一口氣，按下古龍水噴嘴，整個空間頓時充滿他那濃郁、溫暖、令人陶醉的氣味。就好像他走進房間，用他的存在包圍我，並讓我沉浸在回憶之中。我閉上眼睛，任由這種氣味將我包圍，在感覺如同永恆的時間裡，我第一次能夠呼吸了。

我近乎瘋狂地到處噴灑那瓶古龍水——在我的衣服上、空氣中，甚至在家具上。香味附著在織物上、我的皮膚上，整個空間都瀰漫著JR的氣息。這種絕望的舉動，只是我在永遠失去他後，試圖找回他某些部分的方法。當我被這些香氣圍繞時，感受到一種苦澀而甜美的幸福，強烈得幾乎令人難以承受。

但需要這種連結的不僅僅是我。艾登帶著他天真、睜大眼睛的好奇心，一直看著我，他瘦小的身影站在門口，滿臉不知所措。沒有多想，我轉向他，把古龍水遞給他，向他分享爺爺的一部分。「過來，寶貝，」我低聲說，聲音裡充滿情感。「也給你噴一點。」

艾登走上前來，眼睛搜尋著我的目光，我把古龍水噴到他的小襯衫和手臂上。氣味黏在他身上，與童年甜美、熟悉的氣味交織在一起。他抬頭看著我，我在他的眼中看到一絲認可——一種與他深愛卻又突然失去的人之間的連結。

艾登用他的小手臂摟住我的腿，對於如此年幼的孩子來說，他的力道出奇強大。在那次擁抱中，我感覺到了轉變——一種安靜、共同的理解聯繫著我們，比言語所能傳達的更加深刻。艾登關心我，如同我關心他一樣，他的存在以一種我未曾預料的方式，讓我的內心感到踏實。我們站在那裡，一起沉浸在JR的氣味中，以我們唯一知道的方式分擔彼此的哀思。

一滴眼淚滑落我的臉頰，艾登伸手為我擦去，他的觸碰溫柔而令人欣慰。我們都笑了，臉上反映出空氣中瀰漫苦樂參半的愛與失落。我們一起想念JR，在共同的悲傷中找到一點點平靜。

終於浮出水面

當我開始從哀悼的深淵中重新浮出水面時，我小心翼翼地走出那個保護自己的避風港。每一步都像是在試探未知水域般，但我意識到，不能再讓恐懼和內心深處需要懲罰自己的執念，繼續懲罰別人。正如同我必須突破那個保護罩一樣，讓自己重新去感受生活。

有天晚上，當太陽西下，在客廳灑下溫暖的金黃色調時，我和安珀還有孫子們坐在一起，試圖拼湊出一些正常生活的樣子。入夜後，空氣中瀰漫著一個家庭即將安頓下來的平常聲音——遠處的電視聲、廚房裡碗碟的碰撞聲，以及柔和的談話聲。但在這一切的背後，是一種難以言喻的沉重，一種揮之不去的悲傷，像將要褪去的落日餘暉般圍繞著我們。

艾登，永遠是那個充滿好奇和愛玩的精靈，他發現一隻舊玩具青蛙，顯然它在最近幾個月的混亂中倖存下來。這個滑稽的玩具，只要按壓對位置，就會發出令人驚訝且逼真的呱呱聲。當他那雙小手熟練地玩弄著這個玩具，很快地就讓房間裡充滿青蛙特有的、幾乎荒謬的呱呱聲。艾娃，從不甘落後於她哥哥，隨即加入這場遊戲之中，用她那微小的聲音，以驚人的準確性模仿著青蛙叫聲，這舉動讓我們傻眼。

在他們的努力下，很快就讓客廳陷入一片呱呱聲中——響亮、不規則，與原本沉悶的夜晚格格不入。這一切顯得荒唐又太出乎意料——兩個小孩子在我們沉重的悲傷中假裝成青蛙，突如其來的意外場景，讓我猝不及防。

接著，不可思議的事發生了。

一聲笑聲——起初很微弱，幾乎只是輕輕一嘆——從我的唇間溜了出來。就好像我的身體不確定是否還能發出這樣的聲音。然而，隨著艾登和艾娃繼續他們兩棲動物的滑稽動作，在房間裡誇張地跳躍和呱呱叫，傳出的笑聲越來越大。然後艾德里安也加入他們。現在客廳裡有三隻小青蛙。笑聲自我內心深處冒了出來，像一個長期被壓抑的浮標一樣突然升起，終於破出水面。

這是我一生中從未感受過的笑聲——純粹、毫無保留，又完全無法控制。笑聲充滿著房間，與孩子們的呱呱聲交織在一起，共譜出一首荒謬的青蛙交響曲，驅散了籠罩在我心頭的陰霾。沉重的悲傷暫時緩解了，現在我只是「咪咪」，和她的孫子們一起歡笑，沉浸在一個純粹的、不加修飾的快樂時刻。就在那一瞬間，我驚覺，原來自己還有能力再次這樣感受。即便在悲傷的深淵，生活裡仍然會有些微小的快樂帶給我驚喜。

不再一樣的復活節

隨著時間不斷流逝，假期來了又去，每次都帶來新的心痛浪潮，也帶來新的連結和歡笑的機會。我花越來越多時間和孫子們在一起，他們無窮的精力和純真的世界觀，為我受傷的靈魂帶來慰藉。

接近復活節時，我建議安珀帶孩子們出去休息一下，藉此逃離像舊蜘蛛網一般盤據在我們家中的記憶。但我知道，今年的傳奇復活節尋找彩蛋活動，再也不會一樣了。

然而，我也無法忍受就直接跳過這個節日，或不以某種小小儀式將我們與過去連結起來。「去享受吧！」我告訴她，「等你們回來，我們再一起慶祝。」

我沒有為舉辦復活節尋找彩蛋活動的繁重任務，特別做好準備。以往我們都是在邁阿密的家裡進行，那裡有著漂亮的花園，JR會為我們的孫子和他們的朋友策劃傳奇的復活節尋找彩蛋活動，讓所有人難忘。

通常他會準備裝著糖果、玩具的不同彩蛋，還有一百顆裝滿錢的金蛋，比普通的彩蛋更加令人興奮。這些金蛋用鋁箔紙包著，裡面裝著一美元、十美元、二十美元、五十美元，甚至一百美元。JR會親自藏好彩蛋，但經常忘記把彩蛋藏在哪裡，這總讓每個人都捧腹大笑。

今年，因為我們打算大幅翻修整間房子，包括拆除花園，並規劃更多臥室，以便孫子們可以來玩——但現在，已經不需要了。二〇二二年四月是我們在翻新前，最後一次舉辦復活節尋找彩蛋活動。曾經生機勃勃、充滿樹木、綠色樹籬和灌木叢的茂盛花園，如今被施工的工程和新牆所取代。那已不再的花園，如明鏡一般，映照著JR離世後，在我心中留下的那片虛空。

我懷著既困惑又堅定的心情，在我暫住的邁阿密公寓裡準備復活節尋找彩蛋活動，房子的裝修即將竣工，於是我在新空間裡走來走去，藏好一百顆彩蛋。每個隱藏的彩蛋，猶如對失去之沉重負擔的小小反抗，一條脆弱的線索連接著過去與現在，幫助我度過療癒路上那片令人痛苦的苦海。

每當我放好一顆彩蛋，都幾乎可以聽到JR的聲音，提醒我要讓尋找活動具有挑戰性，把彩蛋藏好。直到藏好最後一顆彩蛋時，我感到一絲絲的成就感，就好像我以某種微小而重要的方式紀念了JR的記憶。

在親情中回歸自我

隨著我花更多時間陪伴孫子們，我的笑容也變多了。聽著他們的笑聲、笑話和那些天馬行空的觀察；當我越是努力與他們同在，就越能清晰感受到他們的聲音。正是這些微小的片段，幫助我度過內心的孤寂。像是手機跳出視訊通話（FaceTime）的畫面，艾登對我微笑的時刻。

「嗨，寶貝，」我說。

「咪咪，」他尖叫道。「看！我們有一隻烏龜！」

「太好了，寶貝！」我瞪大了眼睛，看著這個笑容滿面的男孩，手上正拿著一隻小烏龜興奮地跟我分享。

就在這段期間，我開始感覺到自己和孫子們之間的關係開始變化。那是我準備去巴黎旅行前，我和朋友珍妮佛第一次出遊，也是我第一次的女生之旅。在我出發前幾天，孩子們到家裡來玩。

我像以前一樣，準備他們最喜歡的所有遊戲。我們先去游泳，玩起「泳池裡的鯊魚」，這是他們每週都會和JR一起玩的遊戲；他在背上戴著一個鰭，孩子們會向他扔泡沫麵條，而他總是樂在其中！

我們還玩了幾輪競爭激烈的烏諾牌（UNO），每次孩子們逼我抽出四張牌時，男孩們都會歡呼大叫。我們在電腦上玩水晶拼貼遊戲，一起吃零食，並嘲笑YouTube上的愚蠢影片……時間過得很快。我的臉頰因活動而微微發熱——幾個月來，我沒有和孫子們這樣跑來跑去，和他們再次一起玩耍讓我的心臟跳動起來，感覺真好。

當夜幕低垂時，他們衝到我的身邊。「你去巴黎之前，我們能再來一次嗎？這樣我們就可以一起玩了。」

當JR還在世的時候，他們總是求JR，「我們能再來嗎？咪咪和爺爺，你們能過來嗎？」但是過去那幾個月，他們沒有向我提出任何要求。他們知道我不再是從前的咪咪，他們明白我並不快樂——孩子們的直覺往往比大人想像的還要敏銳。

「可以！」我說。沒有任何藉口，不因工作推託，也不再躲藏。「可以。」

他們圍在我身邊，緊緊地抱著我。「這感覺就像以前和爺爺在一起的日子，」我聽到艾娃說。而年紀最小、直覺最強的孫子艾德里安，抬頭看著我，「我想念爺爺。」

「我也是，」我告訴艾德里安，緊緊抱著他，微笑說：「他會很高興今天我們一起玩，也會微笑著說我們度過了如此美好的一天，而且你在玩板網球和烏諾牌時擊敗了我。」

「是的！」艾德里安一邊回應，跳起了一支快樂的小舞蹈，搖晃著胳膊，扭動著屁股，就像他每次在任何事情上擊敗JR時所做的那樣。

孩子們本就不該承擔那些填滿我們內心的責任，但那天我的快樂滿溢。即使已經收好玩具、把房子打掃乾淨後很久，我仍然掛著微笑。等到上床睡覺時，我把雙手放在胸口，再次檢查那個空洞。我發誓，它縮小了一點點。我確信，那天晚上的疼痛也減輕了一點。我閉上眼睛，感到安慰的是，孩子們覺得咪咪又回到他們的身邊。

我的領悟：悲傷並非都是壞事

悲傷不會讓愛減少；只會讓愛的存在更加鮮明，像被刻進靈魂的一道痕跡，清楚得讓我們在過去無法真正看見。在失去之後，愛不僅存在於我們緊緊抓住的遺物，或我們重複的儀式中，還存在於那些不經意、意想不到的時刻——與孫子們共享的笑聲、充滿房間的氣味、不請自來的回憶。這些並不只是提醒我們「曾經有過什麼」，而是證明——愛，仍然存在。

JR的存在，不需要我實實在在地握住，因為那早已融入我的生活、生命之中，不斷地刻劃著我。或許再也聽不見他的聲音，但他的教誨、他的信念，還有他的愛，反而更加響亮地迴盪在我的心裡——引導著我的決定，滋養著我的心靈。

前進並非放手，而是擁抱愛的新樣貌，相信愛會隨著人生不斷轉化、成長，也會出現在我們意想不到的地方。即使在最黑暗的日子裡，那份愛仍然靜靜地指引著我，提醒我能繼續走下去的力量，就來自那份曾經共有的愛。

悲傷或許沉重，但正因為有愛賦予的重量；也是因為愛，讓我能卸下一些負擔，帶著嶄新的使命感繼續前行。愛不會隨著時間消逝，只會日漸深厚，化為一口堅韌與恩典的井，供我們日復一日地汲取。這份愛支持著我們超越失落，恆久忍耐，並推動我們向前邁進，即便前方的道路茫茫未知。

在這段旅程中，我領悟到，愛不僅僅是一段回憶，更是一股蓬勃而生生不息的力量，持續形塑著我們的生命。愛連結著我們的過去與未來，在緬懷過去的同時，也能擁抱未來。藉由愛的指引，讓我們將悲傷化為成長，將失去化為傳承，找到新的方向與力量。

第5章

憤怒、痛苦與歉意

修補悲傷的心靈

悲傷不只是悄悄潛入；它更像是個不速之客，在你生命中每個靜謐角落牢牢地生根，把最平淡無奇的時刻轉化為難以承受的提醒，時時刻刻勾起對逝去之人的思念。悲傷不僅壓得人喘不過氣，更像是無所不在的空氣，沉重、壓抑，直到每一次呼吸都變成一場掙扎。

在JR離開後，我不僅被悲傷吞噬，更被擊倒在地，氣喘吁吁。每次想要奮力站起來，都像是徒勞無功，彷彿任何動作都可能招來悲傷的迅速反擊，再度將我推倒，重壓在地。即使我勉強站了起來，也從未真正挺直。我總是半蹲著，隨時準備下一次的迎擊。

孤獨、內疚、憤怒、懊悔，這些悲傷的幫兇環伺在側，等待將我再次擊倒的時機。大家勸你放下過去，繼續前進，但他們不明白，對我而言，原地不動就是一種生存方式。失去JR是如此深刻、徹底占據了我的身心。失去他之後，我就像置身於一個擠滿人的房間，卻看不到也聽不見任何人。破碎不堪、孤獨的我，走進了心理諮商室，試圖想要修補那些破碎的裂痕。

我才走進諮商師的辦公室，內心深處就已經開始後悔這個決定。柔和的中性色調牆壁，我相信這原本應該是為了讓人平靜，但我現在反而覺得自己被困在某種米黃色的煉獄裡。空氣中瀰漫著濃郁的薰衣草香氣，那種過於濃烈的薰衣草香，就像你在某些瑜伽教室裡會聞到的那種味道。

諮商師帶著一貫的恬靜笑容等著我，有時候真讓我想一巴掌把那種微笑從她臉上拍掉。今天就是這樣的一天。我坐在諮商師對面，試圖讓自己在那張過於柔軟、似乎要把我整個人包裹吞噬的沙發裡坐得舒服些。一如往常，她問我要不要喝茶，我拒絕了。我來這裡不是為了喝茶。

來自陌生人的建議

「那麼，羅琳，」她開口了，聲音輕柔得幾乎像在耳語，彷彿害怕驚擾了那緊緊依附著我、如同第二層肌膚的悲傷。「你今天感覺如何？」

我盯著她看了一會兒，思考著是否應該告訴她真相，但最後，還是給了她想要的答案，「我很好。」

她點點頭，好像明白似的。但怎麼可能？她又不認識JR。她不了解我們。但她裝作一副懂的樣子，而這更糟。

「我一直在想，」她說著，身體微微前傾，雙手整齊地放在膝上。「羅琳，你在面對這段經歷部分，已經有很大的進展。你真的非常堅強。」

我並不覺得自己堅強。我覺得大部分時間都只是勉強支撐罷了，但我沒有說出口。我只是等著，因為我知道她還沒說完——她總是有更多的話要說。

「但是，」她接著說：「我認為，也許該開始考慮一下你的未來了。」

「我的未來？」我重複著，不太確定她想表達什麼。

「是的，」她說著，笑得更開了一點。「我知道這聽起來可能有點早，但是⋯⋯。」

我眨了眨眼，試圖理解她話語中的真正意涵。但是，什麼？

「也許你可以考慮重新約會了，羅琳。」她說，聲音裡帶著那種受訓過的諮商師所慣有、刻意裝出來的溫柔，彷彿我是個小孩，需要被哄騙著進行一場我還沒準備好的對話，又似乎總是帶著一絲居高臨下的語氣。

我盯著她，那句話尷尬地懸在半空，就像一個不好笑的爛笑話。重新約會？再一次？光是想到這個念頭，就讓我瞬間感到一陣冰冷，覺得無比荒謬。JR才剛離開多久，是四個月、還是五個月？時間早已經模糊成一片，像是沒有盡頭的噩夢——無數失眠的夜晚和無止盡的白晝交錯輪替，難以分辨。而現在坐在我面前的這個女人，在那瀰漫過重薰衣草氣味的辦公室裡，竟然叫我「放下過去」，彷彿JR只是我人生中的一個階段——一個可以隨手闔上、翻到下一頁的章節。

解雇第五個諮商師

這實在太荒謬了，「幾乎」讓人發笑。但我沒有笑，反而感到憤怒。她的話就像是重擔一樣壓在我身上，幾乎把我壓垮在地。「放下過去」，她說得好像這件事情有多容易，就像我可以隨便找個人替代他，就像換掉一台壞掉的電器那樣輕鬆。

我沒有回應，這有什麼好說的？我的腦海中猶如一場情緒風暴——憤怒、難以置信、絕望、悲痛，以及麻木，像鉛塊一樣沉甸甸地壓在胸口。我站了起來，這突如其來的動作連我自己都嚇一跳。我的包包已經拿在手上，但我沒印象自己是什麼時候拿起包包。

「我想，我們談到這裡就夠了！」我聽到自己的聲音，語氣平淡、疏離，就像是別人口中說出的一樣。至於那位諮商師，她叫什麼名字來著？這已經不重要了。她張開口想要說些什麼，聲調略微提高，像是懇求我留下來好好談，但我已經頭也不回的走到門口。

走出諮商師的辦公室，走廊顯得冰冷沒有一點溫度。我朝著電梯走去，高跟鞋敲擊在光亮的地板上，聲音在空蕩蕩的走廊裡迴盪，與那像裹屍布般緊緊纏住我、令人窒息的悲傷，形成強烈對比。我用力按下電梯按鈕，比平時需要的力道更大，只希望電梯門快點打開，帶我離開這個地方，遠離這個荒謬的、叫我永遠「放下過去」的建議。

我回到車上後，發呆了一會兒，盯著方向盤，腦海裡不斷重播剛才的對話。「重新約會」的想法是如此陌生，與我所處的現實如此格格不入，我連想都沒想過。怎麼可能？JR不只是我的丈夫，也是我的靈魂伴侶——那個唯一一個曾經，更是這輩子最理解我所有矛盾和複雜的人。想到要和別人找到那種默契，不只是不可能，更是「背叛」我們過去所共同建立起的一切。

我發動車子，引擎的嗡嗡聲成為我內心風暴的背景音。開車回家的路上，我心中冒出來一股黑色幽默，一種苦澀的諷刺，讓我忍不住想笑又想哭，要我「放下」？這算哪門子的建議？我付錢是為了來聽這種建議嗎？

回到家中，我走進家門，屋裡一片寂靜，彷彿當一個地方被抽離了靈魂時才會有的寂靜。我突然明白了，那種令人安慰又心碎的清晰——

我還沒有準備好放下這一切。還沒有。

永遠都不會。

我的苦痛傷了愛我的人

廚房裡安靜得讓人窒息，幾乎令人喘不過氣。唯一的聲音，是我在啃蘋果的聲響，每一口都像是對周圍空虛的一點反抗。然後，事情發生了。

「媽，我排了一個時間表，」安珀一邊走進廚房對我說，手上還不安地擺弄著手機，螢幕上閃爍著一行行名字和時間表。「瑪麗明天晚上會過來，後天是克里斯帝安，然後週五是娜塔莉……我只是不希望讓你一個人。你懂的，就只是預防萬一。」

我抬起頭，從啃到一半的蘋果中轉過視線，不確定自己是否聽錯了。「時間表？」這幾個字從我嘴裡說出口時，變得苦澀。「你現在開始安排人來輪流看護我嗎？」

安珀猶豫了一下。她的眼神溫柔卻滿是擔憂，像是害怕一不小心就說錯話。「只是……因為孩子們和我不可能隨時都待在這裡，我想確保有人陪著你。我不想讓你一個人，媽。至少現在還不行。」

我感到一股灼熱的情緒衝上來——怒火、委屈和羞辱。我手中的蘋果突然化為一件武器，讓我想用力砸出去，或者用手直接捏碎。「我不需要什麼該死的保母，」我厲聲說道，語氣比我想像的還要尖銳。「我又不是小孩，也不是一碰就碎的雞蛋。」

「媽……」安珀的聲音有些顫抖，但她還是努力保持著自從JR去世以來，一直使用的那種平靜語調。「不是那樣的。我只是……」她停頓了一下，尋找著合適的措詞。「我記得爸爸剛走後，你的樣子。你不睡覺，也幾乎不吃東西。那時候我真的很害怕，即使現在還是一樣很害怕——就怕你可能會……我不知道……」

「你擔心我會做傻事？」我厲聲打斷她，瞇起眼睛。「什麼傻事，安珀？你認為我會傷害自己，是嗎？」

失去的父親，還有母親

安珀的神情黯淡，肩膀垂了下去，她嘆了口氣，「我不知道，媽。我不知道你現在會做出什麼事。你已經不是從前那個你了，就像你剛才又開除了諮商師，那已經是第五個了。也許……你該再試試，第六個？」

她的話就像一記耳光，毫不留情地打在我臉上。我猛地從廚房吧台旁站起來，椅子在地板上磨出刺耳尖銳的聲音。「我不需要另一個該死的諮商師，安珀！」我大喊。「我也不需要你，還有瑪麗、克里斯帝安，或娜塔莉輪流來這裡盯著我，好像我是個需要被照顧的小孩。我不需要你來決定什麼對我最好！」

我爆發後，隨之而來的是一片震耳欲聾的沉默。安珀一動也不動，沒有反駁，就只是站在那裡，用那雙大大的綠眼睛看著我——那雙眼睛和過去在我失控時，JR凝視我的眼睛一模一樣。

我緊緊抓住吧台，思緒回到JR剛過世後，我在船上的那段痛苦日子。安珀當時不在克羅埃西亞，我仍然能感受到她的擔憂，她的恐懼彷彿穿越了陸地、海洋。我那時不明白，因為沉浸在自己悲痛中的我，怎麼可能意識到呢？但她當時非常焦慮，害怕我在沒有JR的情況下會活不下去。

安珀曾再三懇求馬克時常過來看我，她擔心我會做出什麼衝動的事——像是過量吞服醫生開的安眠藥，甚至更嚴重的事。安珀比任何人都清楚，我和她父親有多麼親近，我們的生活是如何緊密連結在一起。她無法想像沒有JR的我，所以她緊緊抓住自己唯一還能掌控的事物——保護我，甚至包括保護我不受她自己的情緒傷害。

安珀向來都很堅強，但直到這一刻，我才真正意識到她承擔了多少。她曾經一再告訴我，她同時在為「我們兩個人」哀悼。她說，當JR去世那天起，有一部分的我也隨之而去。至少那個她熟悉的母親不見了。我已經變得不一樣了。我想反駁，說我還在這裡，但我說不出口。

我的女兒經歷了她自己的地獄，而我卻沒有陪在她身邊。她失去了父親，在某種程度上，她也失去了母親。我現在是一個不同版本的羅琳。也許她是對的——我們再也無法回到過去的樣子。

馬克告訴過我，當JR去世後，我還在克羅埃西亞的船上時，安珀會壓低聲音對著電話低語，聲音裡充滿擔憂，懇求馬克在我洗澡時守在門外，以防萬一。我的女兒不相信我能在沒有她父親的情況下度過那一晚。我從未感受到如此多的愛，同時也感受到如此令人窒息的壓力。

無法平息的憤怒蔓延

而現在，站在這個廚房裡，安珀看著我，好像我隨時都可能崩潰，我可以看到這一切對她造成的傷害。那些失眠的夜，無盡的擔憂，她是如何先擱置自己的悲傷來照顧我。但即便如此，此刻我還是無法讓她進入我的內心。我不能讓她在承受自己的痛苦之餘，還要背負我的痛苦。

「很抱歉，讓你有這種感覺，」安珀輕聲說道，聲音幾乎低不可聞。「但我還是會這樣做。他們還是會過來，即使你不喜歡。」

她的話只是火上加油。我猛然地把手上的蘋果扔進水槽，發出一聲沉悶的撞擊聲，然後緊緊地抓著廚房流理台，使勁要捏碎一般，「隨便你，反正你已經決定怎麼做了。」

安珀緩緩地點了點頭，臉上依然是那種令人心碎的平靜，似乎她已經向我的憤怒妥協，「媽，我知道你不想這樣。但，你不是唯一失去爸爸的人，而且我不能再失去你了。」

就是這句話，顯露了她一直以來獨自承受的壓力，還有那份恐懼。這些都寫在她的眼睛裡，寫在她的聲音裡。她很害怕，不僅僅是害怕失去JR，也害怕失去我。而在我的悲痛中，我一直被自己的痛苦所吞噬，甚至沒有意識到自己也讓她承受著不同的苦痛。

即使內疚感快要讓我窒息，但在那一刻，我還是無法放下自己的憤怒。我不能讓安珀掌控自己的生活，尤其是在我已經失去那麼多之後。於是我以一貫的方式回應——我對她狠狠地關上心門。

「好，」我冷冷地說，轉過身去背對著她。「你想怎樣就怎樣。

只要別來煩我就好。」

安珀沒有回應。她只是靜靜站在那裡，看了我一會兒，然後轉身默默走出廚房，留下我獨自一人，面對我的憤怒、我的悲痛，以及我剛剛所作所為帶來難以承受的壓力。

她試圖幫助我、照顧我，但我看到的，只是她把我當成一個易碎品，一個隨時都可能破碎的物品。而在那一刻，我才意識到，我這一生都在向她展示堅強女性的樣子，直到現在。

安珀，我美麗、負責的女兒，只是在我們失去摯愛的過程中，不幸被捲入這場混亂之中。

赤裸裸的真相

床墊散落在地板上，猶如一片混亂海洋中的小島。我坐在床上，床單沉重而凌亂。艾登把他的床墊拉到緊挨著我的地方，他小小的身軀幾乎被毯子完全包裹，隱沒不見；至於另外兩個孩子，艾娃和艾德里安則被裹在各自的睡毯中，他們輕柔的呼吸聲是這個安靜房間裡唯一的音符。

這是安珀的主意，每晚把大家聚在一起的儀式。我從沒問過她為什麼，也許她也不需要解釋。因為在JR離開後，籠罩著我們家的寂靜已經說明了一切。我們害怕的不是睡眠，而是醒來的那一刻。

忽然，一聲啜泣劃破了寧靜。起初很低沉，卻足以引起我的注意。我轉過身，看到艾登緊緊地蜷縮著身子，小小的肩膀顫抖著。他努力忍住不哭，保持安靜，但這只是讓他的哭聲更加令人心碎。於是我慢慢從床上滑下來，小心翼翼地不去打破這片脆弱的寧靜。我跪在他的身邊，把手輕輕放在他的背上，只覺得他的身體都在我的手掌下顫抖著。

「艾登，」我輕聲說，語氣中帶著遲疑與不安，「怎麼了，寶貝？」

他用手背揉了揉眼睛，還沒有準備好與我對視。「我想外公了，」他小小聲地說，聲音哽咽著，「我好想念他，咪咪。」

那句話，簡單到不能再簡單，卻在空氣中迴盪。這是赤裸裸的真相，不需要任何修飾的真相。

一起承受那份悲傷

直到那一刻我才意識到，我已經錯過多少，忽視多少。在JR去世後的幾個星期，我完全被悲傷淹沒，只專注在自己的痛苦，以至於世界上的其他一切都變得模糊而遙遠。即使是我的孫子、孫女們，這些小傢伙也成為我哀悼的背景音。他們失去了外公，但不僅僅如此——他們還失去了我。

我把艾登抱進懷裡，感覺到他小小的身軀靠在我身上，他的悲傷也壓在我身上。他把頭埋進我的胸口輕聲哭泣，而我任由他哭著。直到那一刻，我才明白自己也那麼需要抱著他，也那麼希望被他抱著。

「對不起……」我在他的髮絲間輕語，聲音小到幾乎聽不見。這些話語顯得如此無力，微小得無法承載那巨大的失落和內疚。但那是我唯一能說出口的話。

艾德里安和艾娃醒過來，他們被哥哥輕聲的嗚咽吵醒了。他們什麼也沒說，就從各自的床墊上爬過來，跟我們靠在一起，幾個小小的身體緊貼著我，形成一個溫暖的圓圈——那是悲傷的形狀，也是一種愛的樣貌，但更為脆弱。

我們就那樣相擁許久，無聲勝有聲，彼此心照不宣。在那一片靜默中，我第一次感受到一件事——那是自從JR走後，我始終不願去面對的事——原來我們都在哀悼。而也許，只是也許，哀悼並非只能一個人獨自承受。

「我也很想念他，」我終於開口了，聲音哽咽，「我每天都很想他。」

這幾句話如此真切，毫無矯飾，彷彿只有當我真的說出口，那份悲傷才會變得真實，不再緊壓在內心裡，而是我們可以一起承受的重量。

隨著時間悄然流逝，房間裡的沉重感也隨之減輕。悲傷仍在，但似乎變得柔和一些，不再有著銳利的邊緣。直到那一刻，我終於明白，也許所謂的堅強並非是獨自承受一切，真正的堅強是允許他人與你一同分擔。

悲傷與寬恕之間

安珀坐在餐桌旁，雙手緊握著咖啡杯，試圖藉此讓自己不至於崩潰。我緩緩走向桌邊，即將說出口的話沉甸甸地壓在我的胸口。安珀沒有抬頭，也不需要。她知道我就在那裡，也許她一直在等這一刻，又或許她早已不再等待，早就接受了我如今的模樣。

「安珀，」我開口，沒想到自己聲音竟如此沙啞。「我要向你道歉。」我等著她轉頭看我，但她沒有。沉默像一道鴻溝，一道自JR去世後數月來日漸加深的鴻溝，正橫亙在我們之間。我不確定是否還能跨越這道鴻溝，但我必須試試。

「對不起，」我繼續說，顯得有點生澀而笨拙，並非我的態度不夠真誠，而是因為它們遲來太久了。「我沒有好好陪伴你。這段期間讓你獨自一肩扛起這一切，包括我。而我，卻只沉溺在自己的悲傷裡。」

我停了下來，希望她能有所回應，但安珀依舊保持沉默。她的臉色憔悴，眼神充滿疲憊。那雙和JR一樣的眼睛，彷彿能看穿我防備的盔甲。如今的她看起來蒼老、疲倦，而我之前竟絲毫沒有察覺。

「我知道你也失去了他，」我強忍著情緒，擠出這句話，「我應該早就要看到的，應該陪在你身邊，做好一個母親的角色。但我卻讓你獨自撐起一切。我很抱歉，對不起。」

安珀終於抬起頭來，眼裡隱藏著她一直壓抑的、無聲的痛楚。這幾個月來，都是她在照顧我、照顧這個家，努力重拾自JR去世後分崩離析的每一個碎片，而我卻讓她獨自承受。「你一直在付出，」我低聲說，聲音顫抖著，「而我卻從未問過你好不好。我應該是那個照顧你的人。」此時，面對她的痛苦，我的道歉顯得如此微不足道、如此無力。

這就是赤裸裸的真相；未經修飾，是醜陋、傷痕累累的真相。安珀一直背負著我的悲傷重擔，同時承受著自己的，而我竟然未曾察覺到。

「我真的很抱歉，」我再次說道，聲音斷斷續續，「所有這一切，我都感到很抱歉。」

安珀沉默了一會兒，但我可以看到淚水開始在她的眼眶裡打轉。我試探地走向她，當我伸手擁抱她時，她沒有推開我，而是依偎進我的懷裡，這也是我第一次真切地感受到一直以來她所承受的重擔。

我們就這樣靜靜地處在這個既脆弱又逐漸癒合的空間裡，因為真正的悲傷並不會就此乾淨俐落地輕易結束，它會久久徘徊。而寬恕，亦是如此。

我的領悟：共同背負起悲傷的重擔

悲傷不會獨自存在於真空中。當失去的重擔壓得人喘不過氣時，人們很容易陷入一種錯覺，誤以為自己是唯一承受這一切的人。因為過度專注於自身的傷痛、自身努力掙扎著重新站起來的過程，以至於忽略了身邊那些同樣在掙扎、甚至可能比你更加煎熬的人。

我以慘痛的代價領悟了這個道理。我讓自己相信，我的悲傷是獨一無二的，沒有人能懂、也沒有人能夠感同身受。但事實上，安珀和我一樣，都承擔著沉重的悲痛，甚至可能更多。

那些愛我們的人，不會在我們崩潰時袖手旁觀。他們會拾起我們碎裂的部分，即使他們自己也在破碎中掙扎。安珀失去她的父親，而在許多方面，她也同時失去曾經熟悉的母親。即使如此，她仍然留在我身邊，即便她也深陷悲傷之中，但是依然努力保護我，不讓我被自身的悲傷淹沒。

所以，這就是我要說的領悟：**悲傷不是一場必須獨自承受的旅程**。你不需要獨自扛下一切，也不需要推開那些試圖幫助你的人，讓他們進入你的世界，與你共同分擔一些重擔。雖然這並不會讓你的痛苦減少，但至少會變得沒有那麼難以承受。

如果你正在哀悼，請不要忘記偶爾抬起頭。看看身邊的人，如果他們也同樣背負著重擔，那就正視它，陪他們一起承擔。儘管悲傷會讓我們感到孤立，卻也把我們連結起來，因為我們所共享的，不只是失去，還有那份深刻的愛。

請記住，**堅強並不總是意味著獨自承受一切。有時候，真正的堅強是允許他人與你一起承擔。**

第6章

如履薄冰與運籌帷幄

時間：JR去世後五個月

老靈魂，新創傷

JR擁有一個老靈魂，既浪漫又老派，這是多麼奇妙的組合。若要簡單描述JR與我之間那種老派的愛情，就是每當我退一步卸下心防，展現出脆弱的一面，讓他成為我的依靠時，他就會自然地進入那個角色。這是我們之間很微妙卻深刻的情感默契。

他從來不曾限制我，但在那些私密時刻，只要我向他展露自己的脆弱，將頭靠在他的腿上時，他就像是瞬間變得高大了十呎；當我放下堅強，讓自己敞開心扉而變得溫柔時，那會燃起他為我寫下那些充滿愛意情書的熱情。

回首過去，我明白那些信是他傾注給我的力量，為我打氣、準備好迎接未來的挑戰。對他而言，這些充滿愛和連結的時刻，比什麼都重要。

不管他是不是老派，我每次都深深為此著迷。

遺失的那一塊

當我和JR同床共枕時，他總是堅持從背後和我相擁而眠，讓我的胸口貼近他的身體，感受他的心跳律動與我的同步共鳴。每天晚上，無論我們剛參加完派對，還是大吵一架，他都堅持要以心貼心的姿勢入眠，彷彿能讓我們的心跳同步。這也是他愛的儀式之一，而我曾經視為理所當然。

自克羅埃西亞之行數月後，每天清晨醒來時，我都會感覺自己身體少了什麼東西。這可不是什麼隱喻，那是一種極為怪異的感覺，我真切地覺得自己缺失了某一部分。

直到有天早上刷牙時，我的手順著腹部滑過去，突然摸到一種……凹陷感。就像我的身體有一部分被掏空了。我低頭看，外觀並無異樣，但當我用手去觸摸腹部時，我感覺到——那是一個新月形的凹痕，彷彿被刻在我的身體上。我的手指還可以清楚勾勒出它的輪廓。

當我向幾個人提及此事，得到的反應經常是，「哦，她會不會是精神恍惚了」的眼神。於是我不再說了。但那感覺——它一直都在。

起初幾天，我安慰自己，這個凹痕可能是睡眠不足、飲食不均、工作壓力太大，或是純粹的悲傷所致。但那種感覺揮之不去。悲傷便是如此狡黠，它會侵入你的骨髓，以一種你無法目睹卻能感知的方式改變你。

有一晚，當我像最近習慣的那樣，蜷縮成胎兒的姿勢準備睡覺時，我清楚察覺自己身體失去某樣東西。我伸手撫過自己平坦的小腹，再次摸到那個凹痕，明顯感覺到——我的身體裡真的有一個空洞。我低頭看著腹部和腰部，看似都平坦無異。但當我的手滑過腰線和腹部時，那處凹陷就在那裡，像一彎倒懸的月亮。我意識到它的存在，但並未感到驚慌，反而在那種熟悉的空虛中慢慢睡著。

隔天清晨，我猛然驚醒，一把捏住自己的腹部。恍惚間，我還以為自己正受困於夢魘之中，感覺身體正逐漸被掏空。但是現實撲面而來，我徹底清醒，立刻抓起枕頭緊緊抱在懷裡，希望能填補那份空虛，驅散那份孤寂。我緊摟著那個枕頭，像是過了好幾個小時，但是我的心跳並未與另一個心跳同步，那種凹陷感也未曾消失。無論我怎麼努力，都無法將其填滿。

淚水無法填滿這個被掏空的地方，時間過再久也無法彌補；這一點，我現在總算是明白了。

殘缺的真相

日子一天天過去，我開始感覺——不，只能說我確信——每個遇到我的人都能看到，那些JR曾占據的、我身體上凹陷的地方。他們能看到我腰部那塊凹陷，那是JR以前常將手放上去的地方。他們能看到我胸口被掏空的地方，那裡我的心都已不再完整。悲傷彷彿在我身上刻劃出一幅失落的地圖，只要稍加留意，都能一覽無遺。

我確信那些素不相識的路人、陌生人，會回頭看我兩眼——看著我，這個女人身上有著永久的弧形凹痕，那是她靈魂伴侶曾經占據的位置。我就像一個馬戲團裡的怪胎。

在JR去世後，我的朋友們和美安全球集團的創業家們，第一次見到我時，都不知道該對我說些什麼。所以他們就給了我那樣的眼神。是震驚、是憐憫？或是困惑？我討厭那種眼神。他們茫然的表情彷彿被凍結一般，直到他們的大腦找到合適的話，或者隨便什麼話，對我說：「噢，我的天啊！」

但往往他們嘴裡迸出來的話更糟，「我很驚訝能見到你」，或「儘管發生了這一切，你看起來還是很好。」就好像他們沒想到我還能站著走路似的。我又沒有生病，我只是心碎了。

但這就是悲傷的癥結所在——人們認為他們必須說些深刻而有意義的話，但我只想被正常對待，就如同我的悲傷不會傳染一樣。難道他們就不能說些友善的話嗎？難道他們就不能正常對我說話，而不是讓我覺得就因為自己正在哀悼，而被隔離在世界之外嗎？

我懂，我真的懂，人們不知道該說什麼。但當人們因為我的存在而感到不自在，並投以那樣的眼神時，感覺就像被打了一巴掌。悲傷的確令人不適，但不會傳染。那時候，我多麼希望他們能明白，沉默有時就是最好的安慰，僅僅是陪伴就已足夠。

就連在工作中，那個我以為能尋得一點正常感的地方，也籠罩著同樣難以言喻的憐憫。我在美安全球集團的團隊，他們一定也能看到我身上的那些凹陷，但他們更懂得體貼，因為他們知道，我已經不是一個完整的人。他們看到我的掙扎，也看到我努力延續JR遺志的決心。即使他們也無法完全理解我的失去，但是他們仍尊重我正在進行的這場戰鬥。

適應新日常

我坐在餐桌旁，屋裡的寂靜壓得我喘不過氣。我深吸一口氣，啜飲著咖啡，緊握著杯子感受那份溫暖，就像秋天裡的一件毛衣。屋內一片靜默，與JR還在時那種持續不斷的背景音，形成強烈對比。我拿起平板電腦，開始瀏覽晨間新聞，一方面掌握時事，也希望藉此讓煩躁不安的心思有個出口。

其中一則新聞標題吸引我的目光，「經濟前景未明，亞馬遜將裁員一萬八千人」。我嘆了一口氣，感受到全球經濟挑戰的重擔，也反映美安全球集團正在面臨的困境。文章詳述亞馬遜如何在疫情後，面對銷售下滑的情況下削減成本。這提醒了我，就連亞馬遜這樣的市場巨頭都不能倖免於變革力量的衝擊，美安全球集團當然也不例外。這讓我想起，過去我們在供應鏈中斷和通貨膨脹方面的苦戰。

我滑到下一篇文章，是關於蕾哈娜宣布懷孕的報導，標題寫著「蕾哈娜在超級盃中場表演：身懷六甲，光彩照人」我不禁莞爾，看到蕾哈娜容光煥發、充滿力量的照片，原本沉重的早晨，因為在那一瞬間的喜悅，也讓我暫時放鬆。我很欽佩她能在公開場合如此閃耀並魅力四射，這也是我在公開場合所追求的目標。如果蕾哈娜能在全世界的注目下堅強屹立，那麼我也可以。

另一則關於俄烏衝突的通知跳了出來，標題寫道「局勢持續升溫，德國將向烏克蘭派遣豹二型坦克」。我為那些捲入戰火中的人們感到一陣悲痛，他們的生活被自己無法控制的力量所顛覆。生命的不可預測和脆弱，這也是我在過去五個月來再熟悉不過的感覺，我們都只是在努力應對各自的挑戰，有些挑戰更為顯而易見。世界局勢與我息息相關，因為美安全球集團在九個國家和地區擁有寶貴的員工和創業家，他們都像是我的家人。

當我繼續看著新聞，注意到這些新聞事件都發生在短短三十天內時，我的思緒已經飄到即將舉行的美安全球集團領導者訓練大會。我必須向數千名創業家展現出堅強和穩定，讓他們相信，儘管身處在動盪的世界，公司依然堅若磐石。這是一項艱鉅的任務，也是我不能逃避的責任——現在不能，從今往後都不能。

我放下平板電腦，深吸了一口氣，試圖鼓起勇氣。再過一個小時，我就要與馬克和高階領導團隊會面，有些決策現在只有我能做。但今天我必須做的第一個決定是，我到底該穿什麼？

接下重擔直面挑戰

那天早上稍晚，馬克和我坐在會議室裡，JR缺席的沉重感籠罩著整個空間。

「羅琳，我們要討論一下目前供應鏈持續中斷的問題，」馬克語氣嚴肅地說。「通貨膨脹對我們造成重大打擊，我們目前開展業務的每個國家和地區都存在緊張局勢。這導致了各種延誤，並影響我們的超連鎖店主們；銷售額正在下滑。我們不是唯一一家銷售額下滑的公司，目前整體經濟形勢不佳。我們要想出一個策略。」

我點點頭，努力集中注意力。數字不會說謊，但看著這些數字卻感覺像是撐著傘在雷雨中奔跑，徒勞無功。

「我知道，馬克。相較以往任何時候，現在需要更專注於推廣我們的事業，強調我們能提供的優質產品和服務。現在數位轉型比擔心廣告流程更重要。我們的電子商務平台正面臨供應鏈的瓶頸，讓顧客們感到沮喪。我們必須讓超連鎖店主們有信心，相信我們銷售的產品。」

馬克的身體微向前傾，「我們一直在投資數位轉型，改善我們的線上平台，並整合人工智慧。但我們需要採取更多措施來優化營運，我們必須推出和推廣新產品。」

「不！我們已經有很棒的產品了。JR和我就是以這些優質產品創建這家公司，它們是有效的。我們應該要讓超連鎖店主和顧客使用這些產品，感受到變化，他們才能銷售。我們並不需要新產品，馬克！」我用低沉的聲音吼他，接著從他的眼神中看到，他不與我爭執而選擇遷就我。

我嘆了口氣，「要處理的事情太多了，馬克。混合工作模式、零售策略的轉變、消費者優先順序的改變……我們必須與時俱進才能保持競爭力。但我覺得自己一直失敗，無法像以前那樣迅速做出決定。我對每件事都猶豫不決。」懷疑已然成為我擺脫不掉的不速之客。

馬克握住我的手，「你並沒有失敗，羅琳。我們正面臨快速變化的政府法規變革和各類型消費者行為的變化。現在的環境充滿挑戰，但我們會一起度過難關，你不必獨自面對這一切。」他的語氣溫柔，提醒我即使感覺孤單，但並非如此。

我看著他，眼眶泛淚。「我只是希望團隊能加把勁，馬克。整個團隊都沒有全力以赴，他們要立刻拿出行動。」

馬克輕輕握了我的手說：「我們會做到的。」他的自信令人感到安慰，但我知道前方並非坦途。我要如何帶領一個數萬人的組織，讓每一個人都從面臨失去他們三十年來領導者的哀悼與悲痛中走出，我該從何開始？

團隊出現裂痕

隨著日子一天天過去，現在我站在廚房裡，盯著一盒雞蛋發呆。煮雞蛋成為我每天早晨的例行公事，在這個失控的世界裡，這是我僅能掌握的一點秩序。

但即使是這樣簡單的事也變得困難，到底要做成炒蛋還是煎蛋？半熟還是全熟水煮蛋？這個選擇看似無關緊要，卻又簡單得像是在嘲諷我。我很清楚自己是小題大作，故意拖延決定早餐蛋的烹調方式。但在沒有JR的日子裡，這個看似愚蠢的晨間儀式，卻讓我找回一點掌控感，以及和他連結的感覺。

「也許我應該直接生吃算了，」我喃喃自語，半開玩笑半認真地說。這像是我對生活中其他過於複雜的一切，所發出的一種微小叛逆。

每天早上料理雞蛋的過程，成為我內心衝突的隱喻。美安全球集團的團隊就像這些雞蛋——脆弱、需要小心呵護，也需要被打破才能蛻變。JR就像一位大廚，深知如何處理每一顆雞蛋、每一位團隊成員。他擁有一種與生俱來的天賦，能將混亂轉化為卓越。而現在輪到我了，但我不確定自己是否掌握了正確的烹飪之道。

領導的試煉

我在會議中仔細觀察著團隊，我能看到他們信心的裂痕，以及眼中的不確定。他們懷念JR穩健的領導，以及他那無懈可擊的直覺。而我內心深處，竟有一絲惡意的快感，因他們的侷促不安而暗自得意。如果我必須掙扎求存，或許他們也應該如此，這樣我們才能一起成長。

「羅琳，我們必須應對法規的變動，」一位團隊成員在會議中說道。「資料隱私和網路商業行為的規範越來越嚴格，我們必須確保合乎法規，以維護客戶信任並避免衍生法律問題。」

我點點頭，努力保持冷靜。在已經滿溢的鍋爐中，遵循法規的問題只不過是待添加的一項調味料。「我明白。我們也需要調整行銷策略和產品供應，以因應消費者支出習慣的轉變。當下的經濟狀況，讓人們更加重視產品價值與實用性。」

「還有我們的超連鎖店主們——他們就是沒有遵守『ABC跟進法則』。他們沒有按照培訓內容執行。」房間裡的另一個聲音接著說。

他們都看向我，想從我這裡得到答案，但我覺得自己是個冒牌貨，一個空殼子，想要穿上一雙過於沉重且巨大的鞋子。「冒牌者症候群」是真實存在的，而且它才不管你身居高位多久。我希望他們能理解我的痛苦，看到JR離開後，我心中那個巨大的空洞，但我也希望領導團隊能超越困境，證明JR的教誨已在他們心中生根發芽。我希望他們能挺身而出……

我知道，這代表著我必須振作起來。但我實在好累、好痛，感覺自己渺小得不堪一擊。

台上堅強，台下掙扎

儘管內心波濤洶湧，但我知道在公開場合必須展現出堅強的一面。二〇二三年初，在美安全球集團的領導者訓練大會上，我站在舞台上，面對著數千名創業家，聲音沉穩，內心卻波瀾起伏。

「JR是一位傳奇的領導者，不僅是因為他創建了一家卓越的企業，更因為他幫助人們成就了非凡的事業。」我說著，試圖傳達他那堅定不移的精神。「自JR離世後，這是我們首次舉辦的公司大會，雖然失去他的痛楚仍烙印在我們心中，但他對所有人共享繁榮和美好未來的願景長存，深植在我們心裡。」

我接著說：「我們在數位轉型方面投入大筆資金，強化線上平台並導入先進技術。但更重要的是，我們始終致力於永續發展和道德消費的核心價值。這些理念是JR願景的核心，也將持續引領我們前進。」我的語氣鏗鏘有力，希望透過足夠堅定的表述，讓自己也能真正相信。

在外人看來，我努力展現出像蕾哈娜在超級盃舞台上的自信。我站在台上，面對數千名超連鎖店主發表演說，確保公司依舊穩定，確保JR對美安全球集團的願景依然不變，並引領著我們的每一步。但在台下，我幾乎無法維持表面的鎮定，我只是努力熬過每一天，不讓自己崩潰。

有天早晨，我站在廚房裡，蛋殼散落在流理台上，我意識到：悲傷本身就是這個過程的一部分。**就像雞蛋一樣，我必須先打破自己，讓那些原始的、混亂的情緒流洩出來，才能開始醞釀出新**

事物。JR的影響就像蛋黃——豐富、不可或缺，將一切凝聚在一起。少了它，我感到迷失，但它並沒有消失，仍然在那裡，以一種看不見的方式滋養著我。

我的領悟：一切從打破那顆蛋開始

悲傷就像那些雞蛋——脆弱、凌亂，需要小心呵護。你無法避免裂痕、溢出，以及隨之而來的混亂。正如同雞蛋必須先打破，才能釋放潛力；悲傷也迫使你直面自己那些最原始、最赤裸的情緒，然後才可能療癒。這個過程既不乾淨俐落，也無法預測，但至關重要。

那濃郁且具黏合作用的蛋黃，象徵著即使在失去後仍然存在的愛與影響力。它即使失去了摯愛，卻依然留在心底，滋養著我們，那是我們存在的核心，是在一切看似破碎之時，仍支持我們的力量。

在人生的廚房裡，你可能會被眼前的凌亂搞得焦頭爛額，懷疑自己是否有能力從碎片中創造出有意義的事物。但正是這些充滿不確定和自我懷疑的時刻，韌性才得以淬鍊而生。

韌性，是擁抱那些裂痕，明白它們是旅程的一部分。意味著認識人生的食譜，不會總是如你所願，但只要有耐心、毅力和一點創造力，仍然可以打造出美好的事物。

即使碎片難以拼回原樣，你仍要選擇繼續下廚和創造，因為療癒就是從那一刻開始。這不是為了逃避痛苦，而是將痛苦轉化為力量，一次又一次，從打破每一顆雞蛋開始。

第7章

迎戰、逃避，或崩潰

時間：JR去世後六個月

加深的無聲裂痕

我坐在JR的辦公室裡，多年來，他的那張皮椅見證了無數次的電話和會議，如今早已磨損、坐墊也已凹陷；而他的辦公桌上，仍然散落著多年來他寫下的筆記本和信件。他的缺席猶如一種沉重的壓力，壓在我身上，我的腦袋隱隱作痛，這種疼痛在過去那幾週變得越發熟悉。

我的大腦因不斷追憶與JR的點點滴滴，而疲憊不堪；身心狀態也因為與家人、朋友、員工，以及任何能聽見我說話的人爭吵，而精疲力竭。我覺得自己一直處於緊繃狀態，不斷地對安珀、對清潔人員，對任何靠近我情緒漩渦的人都厲聲斥責。

更糟糕的是，我對美安全球集團的團隊感到失望。那些我們曾傾囊相授事業知識所帶出來的人，現在似乎有些鬆懈，他們自作主張，或繞過我做決定。我知道他們的本意是想幫忙，但我對每項決策的直接反應，不是怒斥就是更多疑問：

他們為什麼不主動扛起責任？為什麼只挑容易的決定去做？難道他們不相信我能做決定嗎？公司的問題是否比我想像的更加嚴重？

這一連串的疑慮讓我覺得自己正在逐漸失控，不僅僅是對公司的掌控，連對自己也沒把握。

在所有人都需要積極參與、奮勇向前的時刻，有些人卻安於過去的成就而不求進取，或者應付了事，因為他們認為「這樣已經夠好了」。自滿心態已經在我們的企業文化中扎根。或許他們還沒意識到，JR那近乎傳奇的存在一旦消失，代表著我們的標準應該要更高，而不是降低。

我深知，美安全球集團這艘大船需要一位毫不猶豫的船長帶領，也需要一條明確的航線。這份認知帶來的不安全感，讓我更加保持警惕、變得異常敏感，所以只要一發現團隊開始鬆懈、有郵件未回覆、交辦的任務未完成，我就會大發雷霆。

我和領導團隊之間的緊張關係一觸即發，自JR去世以來，那道無聲的裂痕始終存在，越來越深。

「我來處理，」馬克試著安撫說。他一如往常的冷靜沉著，總能找到解決問題的方法。在過去這幾個月，他幾乎處理了我所有的事，因為我每天都在與悲傷搏鬥，同時努力學習JR過去所負責的業務。然而，馬克原本要讓我安心的話語，卻讓我感到更加挫敗這些所作所為，就像試圖用軟木塞去堵住火山爆發。

我是接班人？

我將整個身體陷進JR的椅子裡，深深吸了一口氣，感受著皮革散發出的木質香氣，然後環顧整個辦公室。這裡是我們的營運核心，是許多決策誕生的地方，如今卻彷彿成為一件過去的遺物，更像是博物館的展品，而不是一個正常運作的工作空間。他的辦公桌本應是指引我們前進的船舵，能夠規劃布局未來的航線。但我真的能獨自做到這一切嗎？

我的思緒突然變得清晰，開始思索整個公司的業務。這三十年的經營，擁有八百名美安全球集團的員工，數千種產品，行銷全球。

我們從一個車庫裡的小辦公室起步，滿懷著夢想，如今在九個國家和地區都設有辦公室，擁有十六萬名經銷商，或稱超連鎖店主（UnFranchise Owners，UFOs）。不同於傳統連鎖經營模式，需要向公司或品牌付費才能獲得特許經營權，他們只需要支付一筆小額的啟動費，就能藉由銷售我們的產品獲得收入。這些超連鎖店主直接向消費者行銷、銷售我們多元豐富的獨家代理產品，包括營養補充品、化妝品、個人保健品、護膚品、珠寶飾品和各項服務。由公司為超連鎖店主提供所有資源、技術和支援，以確保他們能夠成功。

美安全球集團不僅僅是一家公司，更是一個建立在夢想之上的商業帝國。而我，則是站在這個夢想與潛在混亂之間的最後一道防線。

突然，我感到一陣雞皮疙瘩，就像一陣冷風拂過房間。我想，也許自己可以獨自掌舵。但我真的可以嗎？這個問題迫在眉睫，這項挑戰既令人恐懼，又令人振奮。

JR創下的獨一無二

我想起過去舉辦過的公司活動，JR以他的熱情和活力，將願景化為現實，展現在大家面前。美安全球集團大會是我們創造、體現、推動公司發展、真正具有創業家精神的地方。這些不僅僅是企業活動，更是我們事業的命脈，在這裡我們分享夢想，創造未來。

JR把自己的一切都奉獻給他所做的每一件事，不論是工作、生活、家庭，甚至是洗碗，還是每晚為孩子們講童軍故事，無所不包，從不半途而廢。他總是毫不掩飾地表達自己的感受，讓人能感同身受，如同要轉化這種對我們公司、對現有和潛在美安夥伴的全方位信念，需要的不僅僅是照本宣科的制式演講和投影片簡報。JR所創造的，是一種「體驗」。

我們的大會讓整個公司、經銷商、創業家和員工齊聚一堂，同時傳遞我們的宏大願景：我們不只是參與全球經濟的改變，而是要創造一種屬於我們自身的經濟體系。這些都是JR的重要信念。我們還會在大會上發表新產品，展示新科技和新系統，培訓我們的超連鎖店主，掌握關於銷售我們的產品、如何成功建立他們事業的原則和基本要理。

每半年舉辦一次的大會，每次為期三天、每天十小時不間斷，精心安排的活動演出，包括高階主管演講、成功超連鎖店主分享、嘉賓演講和各種表演等。偶爾還會有走鋼索橫跨尼加拉大瀑布、在巨型倉鼠滾輪裡跑步、腦部「心靈手術」表演，或者還有模擬太空船升空……這些演出不僅超越傳統簡報，更是精心策劃的一場場視聽饗宴，要點燃每一位與會者的創業家精神。大會不僅為超連鎖店主來年順利航行的風帆增加助力，也同樣推動著我們，藉此不斷為自己充電。

在過去的大會上，JR總是傾盡全力在舞台上演出，汗水淋漓，宛如奧斯卡影帝般向數千人發表演說。他不只是用言語在交流，而是在「表演」，讓每一場簡報都成為一場戲劇化且令人難忘的體驗。

他在舞台上來回奔跑、跳下跳上、滑步彈躍、揚足踢腿，動作之快，讓製作團隊不得不在他身上裝上兩支麥克風，因為總有一支會在他雜技般的演說中掉落。他使出渾身解數，竭盡所能地激勵大家、刺激人們在生活中做出更好的改變。他堅信刺激比激勵更有效，因為他相信人們只有在被推到舒適圈的邊緣時，才會真正改變。

砸鬧鐘、走鋼索

JR還訂製了一個真人大小的倉鼠滾輪，一邊講述並在裡面瘋狂地奔跑，以鼓勵人們擺脫從二十歲開始工作到六十五歲退休，那種典型的「四十五年工作計畫」，不再單純為他人打工、退休後只領取固定收入。他會帶著一把大錘和一個鬧鐘上台，用力砸碎它，象徵我們不應該被時間表所束縛，不應該被告知何時上班、何時下班。

「這個鬧鐘控制著你的生活，」JR會說：「它限制你、操控你。讓我們奪回自己的時間！」

我最大的遺憾之一，就是在三十週年大會上，當JR邀請我一起演說鬧鐘的主題時，我回絕了，說我沒時間。這個遺憾一直在我心頭揮之不去，不時會浮現各種疑慮：那是不是一個徵兆……也許，他這樣問我，背後自有深意。也許他想要看看我能不能詮釋這個演講，或者我是否理解此舉真正的含義。我真的很後悔，當時沒有抽時間滿足他的要求。從那以後，我每次在大會舞台上，都會砸碎鬧鐘。

隨著我們的大會規模逐年擴大，JR的演講也變得越加精細複雜。他曾穿上太空衣，在舞台上模擬在太空中遨遊，傳達人們一開始會如何屏棄一個看似瘋狂或不切實際的想法——就像人類登陸月球，或在網路剛起步時就推出線上購物公司——往往直到這個想法實現後，就變得理所當然。

JR最令人難忘的演講之一，是聘請太陽馬戲團的表演者教他走鋼索，只為了在大會舞台上，推著一輛裝滿磚塊的獨輪車「走鋼索」。這個橋段是JR想要模擬一八五九年查爾斯・布隆丹（Charles Blondin）著名的鋼索行走壯舉。這位奇人當時在電視直播中，推著一輛裝滿磚塊的獨輪車走過尼加拉大瀑布。得知此事，我們都認為JR根本瘋了，但他堅持要證明這一點。

於是JR把訓練場地設在我們邁阿密客房附近的車庫裡，我平時便很少去那裡，而他則和教練偷偷練習了兩星期，就怕被我發現，會勸他打消念頭。沒有人知道他還在進行這個計畫，直到他登上舞台那天，我們已經來不及阻止了。他繫上安全帶，站在高懸的鋼索上，手中握著獨輪車的把手，站在我、安珀、他的三個孫子、我們最親密的朋友和數千名經銷商面前。現場鴉雀無聲，靜得連一根針掉地上的聲音都聽得見。

他一步步向前走，臉上寫滿了決心。我不記得自己有沒有記得呼吸，只是目不轉睛盯著他。孫子們則是仰望著他們的爺爺，祈禱他不要掉下去。安珀緊張得扭著雙手，難以置信地搖著頭。當JR走到一半時，人群爆出震耳欲聾的驚嘆聲，大家都被他的壯舉所折服。

但現場的喧囂分散了他的注意力——他忘記戴上教練叮囑的耳塞，以隔絕噪音，專心保持平衡。又走了幾步，JR不小心失足了。磚塊紛紛墜落，會場裡的每個人都倒抽一口氣，但JR卻奇蹟似地穩住自己，並將自己和獨輪車拉回那條鋼索上。他的手在發抖，卻沒有停下腳步，繼續推著那輛獨輪車，邁向另一端的終點，即使這可能要了他的命。

所有這些令人目眩神迷的戲劇性表演、驚心動魄的特技，不僅僅是為了追求刺激——他想強調的是，即使勝算渺茫，你也要相信不可能的事情可以實現。即使跌倒了，即使失敗看似近在眼前，你都必須相信自己能做到。你必須相信自己能突破難關，獲得最終的成功。

「你們剛剛親眼看到，我做到了！」他會這樣說。「你們相信我能再做一次嗎？」當然，每個人都會回答說：「相信。」然後，他大聲問道：「好，誰想第一個坐進我的獨輪車裡？」

默契無間的夫妻與夥伴

JR 和我在舞台上配合的默契，是激情與精準的完美平衡。在大會前我們會先分開工作數週，直到大會前再碰面交換意見。「讓我看看你要說什麼，」他總是迫不及待地問，這樣我們就能保持一致，他也可以銜接我計畫說的內容到他準備的演講中。作為夫妻、知心好友和彼此的導師，我覺得我們擁有終極無敵的合作夥伴關係。

當他看著我的時候，就如同在仔細研究我，也像學生在教室裡認真聆聽教授演講般全神貫注，傾聽我說的話和表達方式，他會為我的某句話鼓掌，並轉過身去環顧四周，確認其他人也在鼓掌。我想念那些時刻。他會用嘴型對我說的某些話表示贊同，「這句說得好，」他會指著說，或者豎起兩個大拇指說：「太棒了！」只要有他在，無論如何，我在觀眾席的第一排總有一位頭號粉絲和啦啦隊長。

但接著，猝不及防，我的思緒突然被迷霧籠罩。關於領導公司的清晰思維毫無預警地被困在迷霧之中。我的思緒有如一把灑落入海的羽毛飄揚起伏：有些緊緊黏在水面上，沉重又濕漉；還有一些則乘風而起，小心翼翼地漂浮在水面之上。真是該死！為什麼我的心思不能專注在身為執行長的羅琳·萊丁格身上？

回到領導的根源

我人生中的第一份工作，是在西爾斯百貨（Sears）擔任助理，而這一切竟源於一次陰錯陽差的誤闖。當時正值暑假，父親強烈要求我去找份工作，免得我閒著沒事。

我在報紙的分類廣告，看到西爾斯百貨的型錄部門正在招聘兼職人員，原本以為只是一份單純的暑期打工，我到了位於格林斯堡市中心的辦公室，卻發現現場竟然有兩百多人應徵同一個職位，而且薪水是最低工資的兩倍。從一開始，我就覺得自己毫無勝算，甚至不太確定自己是否真的想要這份工作。

後來，我要去一趟洗手間，便跟應職隊伍脫隊了。接著穿梭在這棟巨大建築物中，繞過一個個隔間、儲藏室、收發部門，尋找著洗手間的蹤影。最後，我在一個隱蔽的角落裡，找到一扇沒有標示的門，我誤以為那是女廁，便推門而入。進去後才發現，裡面根本不是什麼洗手間，而是有個男子正坐在辦公桌後。

「哦，你是來應徵的嗎？」那位男士問道。

「是的。」我回答。

「請坐。」他說。

我照著他的指示坐下，隨即開始一場主管助理職位的面試。我對這個職位內容一無所知，也毫無相關經驗，但我還是盡力回答當場所有問題，和對方握了手。結果，我竟然得到這份工作，薪水相當優渥，每小時七美元，這簡直太不可思議了！當時的最低工資大概是每小時四美元而已。

我的工作表現不錯，但這份工作並不需要我在大眾面前演講致詞，更不用去說服人們，相信一家新創公司和前所未見的商業模式。當時的我只是一名員工，而非領導者。至少，當時的我是這麼認為。

實現他所看到的未來

至於JR則是一位經驗豐富的領導者，他對一種新型態的電子商務公司抱有遠大的願景。他會從一個城市到另一個城市，一個州到另一個州，告訴大家，未來有一天我們將在網路上購物。

「未來，全世界的人們都會透過電腦購買衣服、鞋子和化妝品。」他常說。人們不用出門就能購物，他稱之為「無牆百貨商場」。但是這個概念對當時的大多數人來說，就像科幻小說一樣遙不可及。

當我們在一九九二年創立公司時，那時候的世界與現在截然不同。網路購物在當時是相當先進的概念，能在短短幾個小時內就收到貨物，更是前所未聞。Instacart（線上生鮮雜貨配送平台）？拜託。我們公司創立的時間比美國線上即時通訊軟體（AOL Instant Messenger）、優步（Uber）和亞馬遜（Amazon）還要早。

「相信我，羅琳，」JR說，「你以後不用去百貨公司，就能買到口紅。」

我們在自家的車庫創業，當時只有兩張辦公桌。我的弟弟馬克剛上大學，他在課後會來和我們一起工作。

剛開始許多人對我們宏偉的計畫抱持懷疑態度。有時候，甚至很少有人參與我們的提案會議。有時候，一場會議只有五到十個人參加，甚至更少。但是JR有著遠大的願景，並且相信他自己。

我經常開車載他到處參加會議，然後就坐在會場後面，睜大眼睛好奇地看著他闡述整個計畫。但我從未想過，有一天自己要向人們推廣他那宏大的願景。我看著聽眾的表情，有些人面露困惑，有些人根本不買帳，他們對於JR提出這種不同類型的零售業務模式，抱持保留的態度。有時候，離開那些會議後，我甚至會開始質疑我們正在做的事情。但每次，JR都會說：「羅琳，這場會議太棒了！」

「真的嗎？」我會懷疑地回應，彷彿我們參加的根本不是同一場會議，也感受到不一樣的反應。「我不覺得他們很感興趣，那些人看起來並沒有很興奮。」

JR會直視我的眼睛，堅定地說：「羅琳，他們怎麼想不重要，重要的是你怎麼想。你相信嗎？你相信我嗎？」

人生的第一場簡報

有一天，當我開車載他前往聖安東尼奧參加下一場會議時，他對我說的一番話，讓我大吃一驚。

「今天，由你負責講解我們的事業計畫。」他並不是真的需要我來做簡報，但他希望我上台——顯然他看到我自己都沒有發現的潛力。「你要來告訴大家，我們是誰，」他告訴我，「羅琳，你是我見過最棒的演講者。」

我當時錯愕地看著我的男朋友。我怎麼可能是最棒的演講者？我從來沒有在公開場合演講過！他怎麼如此堅信，我會是一位優秀的演講者，更何況還要在他的面前？

在開車去那場會議的路上，我的雙手都在顫抖，神經緊繃到幾乎崩潰。在那個炎熱的夏日，空氣既黏稠又朦朧。汗水緊貼著我的肌膚，混合了濕氣，還有我對即將要做的事情的極度恐懼。幾個小時後，我站在一小群人面前，他們神情困惑卻充滿好奇地期待著，等著聽我說些什麼。

「大家好，我是羅琳·愛胥利——」這是我唯一說出口的話。

然後，我的眼前一片漆黑，隨即像一堆紙牌一樣倒在地上，昏了過去。

幾分鐘後，我醒來，看到有六個人正低頭看著我。JR拿著美安公司的銷售簡報，朝我的臉上搧著涼風。

「你相信嗎？」他尖叫著，「你是最棒的演講者，但他們卻讓你出洋相？他們把空調關掉了！現在是攝氏三十八度，熱得像地獄一樣。在這種高溫下，任誰都會昏倒的！快起來！」

一次又一次上台

當我終於回過神，以為JR再也不會要求我演講。在我昏倒過後，他怎麼可能還會讓我再度進行簡報呢？然而，出乎意料的是，他並沒有放過我，反而更加堅信我的能力。「你明天要再做一次。」即使我才剛徹底搞砸了會議，但是他仍然告訴我，我是最棒的。

我坐在駕駛座後方，目瞪口呆。看著我那糟糕透頂的表現之後，JR竟然毫不懷疑，我還能在眾人面前發光發熱。即使我的信心早已粉碎，但是他對我的信心毫不動搖。我能感受到他身上的能量投射到我身上，激勵著我也要相信自己。

抵達休士頓後，我站在另外六個人面前，闡述我們的想法。這次我沒有昏倒，還嘗試擠出一兩絲笑容。我看見JR坐在前排，專注地聆聽著，臉上掛著燦爛的笑容。儘管我的緊張情緒隨時都可能擊垮我，但他對我的信任卻激勵著我說出每一個字。我順利完成簡報，JR和其他觀眾都讚許地點頭，我終於鬆了一口氣。

然後，我順利完成接下來的幾場簡報，沒有再出現需要醫療協助的狀況。在另一座城市，我也再次站上舞台，一樣安然無恙。我一次又一次做到了。

漸漸地，我在眾人面前演講變得越來越稀鬆平常，也越來越能收放自如地與我們的經銷商們互動。JR的熱情以及感受到人們對我的話語產生共鳴，都讓我充滿力量。隨著公司的茁壯發展，我的自信心也日益增強，多年後，我終於成為能獨當一面的演講者。

直到克羅埃西亞之旅後，我才恍然大悟，多年前在我第一次上台還昏倒那一刻，JR就已經給予我最珍貴的禮物。他給了我對自己的信心，就像一顆種子，終將生根發芽。我也明白，他對我的信任，是我建立自我價值感和能力的基石。為什麼，我在他還在世時沒有領悟到這一點，這樣我就可以好好感謝他了……

領導的重擔

又過了幾週後，我的思緒變得有如捉摸不定的天氣，時而清澈如鏡、晴空萬里，時而突然烏雲密布；上一秒還覺得領導公司是如此得心應手，下一秒卻連起床都感到困難。在這些頭腦混沌的幾週，我開始注意到美安公司領導團隊的一些細節——那些曾在JR掌舵時，被我忽略的細微之處。

在JR的願景帶領下，我們將美安公司發展成一家價值數十億美元的企業。但JR已經是一位七十二歲的科技公司高階主管，通常這個行業是由年輕人領導，其中不少人甚至未曾在其他人底下工作過。

在JR去世前幾個月，他對團隊中的一些成員感到失望，甚至包括公司高階主管，他們自以為更懂，常常還沒與我們商議，便擅自更改多年來設定的制度。

儘管公司已經很成功，但有些人認為自己可以做得更好。他們並非懷疑JR的領導能力，而是成功讓他們沖昏了頭，他們過度自我膨脹，高估自己的重要性，認為無需徵求意見就能管理好一切。

至於我怎麼會知道這一點？因為我和其他某些高階主管一樣，也犯了同樣錯誤，讓自負沖昏了頭。

在我們公司內部，有些人自認為無所不知。他們會在還未得到JR同意的情況下擅自行動，或者做出JR不一定贊同的決定，結果JR總是在事後才發現——而且通常不得不收拾他們留下的爛攤子。

當JR向我傾訴他的感受時，我最初總是輕描淡寫帶過，而不是與他同仇敵愾。我花了很多時間跟他解釋，「他們沒有惡意」，卻沒有好好地傾聽、讓他抒發情緒，也沒有好好交流認同他的感受。我沒有認真去聽、去理解、去體會他說這些話的真正意涵和分量，也許因為我心知肚明，而且一直都明白JR對美安公司的成功何其重要。但是現在，在他離去後的殘酷現實中，我終於看清，一直以來他試圖讓我明白的事情。

無法坐視不管

我開始聽到，有一些重大決策的制定或擱置，居然是未經高層的批准，也沒有經過我的同意。如果JR還在，像預算計畫、法律協議或分銷策略之類的事情，沒有獲得他的首肯絕對不可能過關。我要求相關人員對此解釋，卻幾乎沒有得到任何回應。直到最後，我怒火中燒，打電話給我所能想到的每個人，電話接起來劈頭就問：「這到底是怎麼一回事？」

「我們找不到你，所以就自己做決定，繼續執行了。」他們會這樣回答。

馬克試圖再次安撫我，「會沒事的，」他說。他的話曾經是安慰的泉源，如今，卻像是在一個巨大傷口上貼了一張小小的OK繃。

接連幾週，我眼睜睜看著公司的財務狀況持續下滑。JR去世後的每個星期，數字都更加慘淡。這就像是看著一場慢動作的車禍，明知道撞擊不可避免，卻又無力阻止。我對自己感到生氣，因為我沒有認真傾聽過JR的擔憂，不但沒有站在他那邊，反而勸他不要擔心。如今，我的不安已經超越憂慮，變成憤怒。

我點開電子郵件中最新的財務報告，這是幾天以來，我第一次打開檔案。果然，又是業績下滑的一週。馬克必須繼續嚴控開支，以維持現狀，他是這方面的專家，可以為我們爭取時間。但我知道，這是需要我向前邁進、挺身而出的時候了。

我無奈地翻了個白眼，抬頭看著一張我和JR在某次活動中的合照，我們手牽著手，高舉著手臂，站在一群團隊成員面前。「我告訴過你，沒有你，這裡什麼也做不成，」我對著照片說：「沒有你，我們走不下去。」

涙水在我的眼眶中打轉，嘴唇顫抖著，一把怒火在我的腹中翻騰。在JR去世後的那幾週，我被悲傷壓得喘不過氣來，感覺就像是掛在空檔的車子，無法前進。

但我不能再繼續坐視不理。美安公司是JR和我三十年來共同築造的心血結晶，是我們的家，是我的歸屬，早已融入我的DNA。難道他們不知道，為了走到今天，JR和我付出多少血汗、淚水和犧牲嗎？

我在心裡默念：「我不能無視這三十年的辛勤付出！」這幾個月以來，我第一次感到心中燃起一絲動力的火花，不再迷茫於如何重返工作，也不再感到力不從心。彷彿車子終於掛上一檔，鬆開離合器，開始緩緩向前行駛。

我必須想辦法讓公司記起我們的身分，不忘JR和我，JR既已不在，那麼這責任就得由我扛起。無論如何，我都義無反顧。

來自過去的聲音

我的手指輕輕撫過JR的一本筆記本，凝視著他那標誌性的、字母圓潤而粗獷的筆跡。文字中不時穿插著全大寫的單字，用來強調語氣。而他希望特別注意的句子，總會加上驚嘆號。

一股暖流在房間裡開始蔓延，一種奇異的平靜感籠罩著我。我緊繃的下顎放鬆了，握著筆記本的手也鬆開了。幾個月來一直束縛著我的陰鬱憤怒，在這一刻突然釋放消散。我感覺有什麼事情正在發生，彷彿又什麼都沒有發生。我獨自一人坐在JR的辦公椅上，然後，我聽到了，是他的聲音。

「羅琳，是時候了。」

我閉上眼睛，感受這些話語的重量正漸漸滲入我的心底。在聖安東尼奧，在JR面前第一次演講時，記憶中那種恐懼、不安和排山倒海般的挫敗感，再次浮現。我記得那天晚上他讓我上台演講時，我心裡想：「一旦我從這地板上爬起來，我就要和JR分手，因為他竟然讓我在這麼多人面前出糗。」

最終，我站起來，回到車裡。我坐上駕駛座，一邊盤算著如何盡快離開JR，同時為自己在男友面前的慘敗感到無地自容，因為我讓最相信的人失望了。但JR卻立刻開始規劃我們的下一場簡報，「你今天的表現很棒，明天在休士頓也會一樣出色。我們走吧！」

我睜開眼睛，看到一張照片，那是在美安公司三十週年大會上，我們的核心領導團隊和我的家人一起在舞台上合影，這也是JR去世前我們舉辦的最後一次大會。

照片裡，馬克像老同學一樣摟著JR，慶祝我們共同經營公司三十年，彷彿他們剛贏得超級盃。我們的副總裁安德魯，我們在他二十歲時就認識了，他的個人職業生涯都與我們同在，情同兄弟，他站在安珀和孩子們身邊。我另一個弟弟史蒂夫，自公司創立之初，年僅十四歲就加入我們，他也在照片裡。

還有一位副總裁克里斯帝安，是我和他姊姊拉拉·安東尼參加一場關於彩妝產品的會議上認識他的，結果在三十分鐘的談話後，他當場就收到一份工作邀請。舞台上的克里斯帝安站在我的身後，帶著守護的眼光看著JR和我。而JR則高舉雙臂，自豪地笑著，為我們所獲得的一切成就展現無比驕傲。

那一刻，我們彷彿站上世界之巔。

是時候重返舞台了

我的面前仍然攤著那份財務報告。我的胃再次翻騰起來，手指開始在桌子上急促地敲擊著。這一切必須停止，不管是我的憤怒和公司財務的急劇下滑，我都必須阻止這一切。

我已經在旁邊徘徊太久，沉溺在悲傷、憤怒和困惑之中。我不知道該如何前進，但如果我繼續自怨自艾，這些數據肯定不會有任何好轉。我必須證明我們仍然是一家強大的公司，必須有人掌舵，帶領我們航向下一次的偉大冒險。

然後，彷彿達成某種默契，那個聲音再次響起。

「羅琳，是時候了。」

於是，我站了起來，接著點開在JR電腦上儲存的影片文件夾，開始觀看他的每一場演講，橫跨數十年，一支影片接著一支。我研究著JR的節奏，看他如何從容地在舞台上走動，還有語調的抑揚頓挫，押韻的短句形式，任何我可以參考的細節，都成為我向公司團隊演講的養分。其中幾段影片裡，我看到安珀在舞台上的身影，腦海中也浮現那些年創業的點點滴滴，帶著她從一場會議到另一場會議的奔波歲月。那時的我們，似乎擁有全世界的時間。

我花了好幾個星期翻閱筆記，強迫自己重新站上舞台，和我們的團隊溝通。我的演講稿準備筆記越多，我的胃就越是緊張得打結。我不知道該說些什麼？如果我在舞台上崩潰怎麼辦？如果我再次上演聖安東尼奧的慘劇，又昏倒怎麼辦？我甚至不知道自己是否能完成這場演講。我每天都對著鏡子自言自語，強迫自己找到前進的力量——為了JR，也為了我自己。

我不斷地排練，我哭泣，我祈禱。但我仍覺得，自己還沒有準備好。

但我還是堅持下來，因為JR對我的信任一直激勵著我。我翻閱自己的筆記，重讀他的語錄，再次聽到他的聲音。

命運之日終於到來

「今天就是你步入自己命運的日子，羅琳。我相信你。」

成千上萬的人正等著我去重申公司的未來，這關係著許多人的生計。我並不想重返那個舞台，但我不得不。我一遍又一遍告訴自己：「我必須做到。」

當我在三月四日醒來時，距離JR去世已經六個月，一種不安感如同洪水般湧上心頭。這一天的重擔壓得我喘不過氣，我想：「我不確定今天自己是否能做到。」

在我們的年度領導者訓練大會上，數千名美安公司的超連鎖店主正在會場等我演說，這是我們一年中最重要的兩個大會之一。邁阿密會議中心裡早已萬頭攢動，賓客們準備好要展開交流、購物，並感受美安公司的活力。我穿戴整齊，準備就緒，但我卻幾乎認不出鏡子裡的那個自己——外表剛強，內心卻顫抖不已。接著，我又聽到那個聲音。

「你可以的，該振作起來了。」

JR在為我加油，如同往昔坐在觀眾席第一排那樣。他仍然是我的擁護者。

我第一次意識到，我還有其他擁護者。我的核心朋友圈——安珀、瑪麗、娜塔莉亞（她正在勇敢地與乳癌抗爭）、我的弟弟馬克和史蒂夫、克里斯帝安、羅倫娜、喬瑟夫（胖喬）、瑟琳娜、珍妮佛、艾莉西亞、拉拉和其他人——成為我非正式的顧問團。

隨著時間過去，我不得不與許多人保持距離；與一大群朋友相處不再讓我感到自在，因為如今我更加珍惜自己的時間。這個緊密相連的小團體為我提供所需的支援和指導，幫助我應對個人和職業上的挑戰，而他們現在都在這裡陪著我。

走上一個人的舞台

當我前往會場時，心跳開始加速，我再次翻閱著稍後的演講重點。即使信心已有所動搖，但身上那套白色褲裝，仍然讓我保持英挺的身姿。我不知道自己是否會像三十六年前在聖安東尼奧那樣昏倒。但我與自己約定——現身、說出真相，並盡力而為。這是為了JR，為了我們的公司，也為了我自己。

我們的團隊在後台忙碌著，架設攝影機，調整燈光，測試麥克風。燈光比平日更為刺眼，噪音也更尖銳地刺痛著我的耳朵。我把包包遞給克里斯帝安時，手卻忍不住顫抖著。

「羅琳，是時候了。」克里斯帝安說，接著他握住我的手，和我一起往前走。我最喜歡的那雙露趾高跟鞋感覺比以前更緊了，我以蝸牛般的慢速度走在克里斯帝安身邊。我的思緒如亂麻般散成千絲萬縷，卻沒有一條能引領我找到那些需要說的話。我緊緊地抿著嘴唇。

「羅琳，如果你還沒準備好，不必勉強自己，」克里斯帝安說。

機會來了。這是一個逃生出口，一個緊急出口。我可以離開。但那之後呢？

「不，」我低聲說：「我已經走到這裡了，我們走吧！」

當主持人向人群宣布我的名字時，我深吸了一口氣，身心俱疲，精神恍惚。但這就是真實的我，我走上美安公司的舞台，感受到數千雙眼睛正在注視著我。

一開始，我的聲音顫抖著，手中緊緊捏著一張面紙，彷彿握著救命稻草一樣。觀眾席上一張張模糊的面孔，所有人都等著看我會崩潰，還是會崛起。

我在人群中找到孫子們，他們坐在安珀旁邊，帶著愛意和擔憂的目光注視著我，想知道我是否會在舞台上失控。他們天真無邪、充滿信任的眼神，讓我感到一份安定。我從舞台上看到摯友瑟琳娜．威廉絲，她坐在前排，向我豎起大拇指。「你可以的，」她用口型對我說。

JR的一張巨幅照片出現在我身後的大螢幕上，人群隨即爆出如雷的歡呼聲。就像一場搖滾音樂會的開場，觀眾們對我身後那張巨大的照片，高喊著滿載愛與興奮的話語。

這也是一個我向JR微笑的時刻，我高舉手臂，指向天空，低聲說著只有他和我才能聽見的話：「我告訴過你，親愛的。人們永遠都需要你，是你給了他們信念，他們仍然相信你。」

成為一名領導者

我站在美安公司的家人們面前，站在這支我們共同打造的強大艦隊面前，久久地站著，我盡力對視每一雙眼睛，讓他們感受到他仍然和我們在一起。而我，也和他們站在一起。

然後，我開始說話。

「這是我人生中第一次，完全沒有做好準備。」

當我承認這一點時，壓在胸口的那塊巨石落下了，感覺如釋重負。這是真的。我今天沒有準備好發表演講，也沒有準備好接管公司，因為我總以為JR會永遠活下去。但我繼續說下去。

我的聲音隨著說出口的每一個字顫抖著。在講述故事的空檔，我用掉一大把面紙。演講進行到一半時，我脫掉鞋子，我講得越久，在舞台上走動得越快。我在家人、朋友、孫子們、我們的執行團隊和所有超連鎖店主面前，整整講了兩小時。我看到有些人對我投來安心的目光，也看到另一些人眼神裡的擔憂，還有一些人的驚訝表情。我的演講並不完美，但我傳達了重要的訊息：我在這裡，與你們同在，而且這家公司依然屹立不搖。

「我想讓你們明白一件事。或許我的心碎了，但我們沒有碎，這家公司沒有碎。一顆破碎的心無法擊垮一家公司。」

幾個月來，我就像一艘在暴風雨中飄搖、漫無目的的船隻，而現在，我終於覺得自己開始掌舵，讓這艘船回歸正軌。我感受到會場裡的能量正在轉變，從對我的狀態、公司的狀態，以及對美安公司未來的熱切好奇，轉變為肯定、興奮和希望。

望向觀眾席，我看到一片愛的海洋。我看到超連鎖店主們臉上洋溢著興奮的笑容，在人群中歡呼雀躍。我的團隊和家人一起坐在前幾排，他們鼓掌並贊許地點頭，被我發自肺腑的談話所打動，並認可我現在已全身心投入到公司的營運中。他們知道我已經準備好走出黑暗，重新踏入光明——成為一名領導者。

我的領悟：作為領導的責任

踏上領導之路，尤其是在歷經重大的失去之後，猶如在暴風雨中航行——你被搖晃、翻轉，時常感到迷失在茫茫大海之中。但真正的領導力，並非一開始就擁有所有答案，而是要擁有站出來的勇氣，即使毫無準備，也要相信前人為你奠定的基礎。

在那些自我懷疑的時刻，請記住，領導的力量不只來自自信，更來自願意承擔並延續傳遞給你的願景。他人對你的信任，可以成為點燃你的自信之火。當你珍視並回應這份信任，你所創造的傳承將不僅止於求生之路，而是一個能讓自己茁壯，也帶領他人成長的傳承。

領導不是追求完美，而是堅持不懈。即使心懷恐懼，也要勇敢起身，並找到力量駕馭船艦，駛過風暴。因為最終，旅程的意義不在於你抵達何方，更是你在旅途中成為怎樣的人。

第8章

對話、稅務與蝌蚪

時間：JR去世後十個月

電話與混亂

清晨七點，刺耳的電話鈴聲劃破了清晨的寧靜。我在半夢半醒間摸索著接聽，心想，人們真是把「說話」這件事看得太重了。

「您好，請問您是負責家裡醫療保險的人嗎？我想請教您幾個關於保險的問題。」一個男性的聲音透過話筒傳來，顯然是在照本宣科地念著稿子。

我用手背揉了揉眼睛，手背上的皮膚乾燥而粗糙，刮擦著我的眼皮。昏暗的房間裡，電視機上的紅色待機燈散發出柔和的光芒。這傢伙是從哪冒出來的？我的喉嚨感覺和手背一樣又乾又粗。

「您好？請問您負責家裡的醫療保險嗎？」那個聲音鍥而不捨地追問。

對方將我的沉默當作許可，繼續念著剩下的稿子，喋喋不休地說著關於醫療保健平均費用、我們州的死亡率、長期照護費用、每月儲蓄、政府激勵措施……等等。電視機上的紅燈吸引了我的目光。我上次看到我們的醫療保險帳單是什麼時候的事？

「女士，請問您知道家裡每個月的醫療保險費用是多少嗎？還是我應該在您丈夫有空時再打來和他交流？」

「我就是。」這幾個字從我的喉嚨裡擠了出來，沙啞而生硬。

「女士？」他問。

「我就是。」

「您是什麼，女士？」他重複道，顯然已經被打亂了讀稿節奏。

「我就是負責家裡醫療保險決策的人。」這句話費力地從我口中吐出，感覺像是一千把小刀在割。「而且，我們一切都很好。」

我粗魯又突兀地掛斷對方電話。我不在乎。

水面下的真實自己

淋浴時，溫熱的水流肆意無情地流過我的身體，我的思緒飄移不定。帳單支付者、會計師、母親、奶奶、美安公司首席執行長、悲痛的寡婦、糟糕的朋友、更糟糕的祖母。園丁、船長、水管工、屠夫、麵包師——甚至是該死的燭台製造商。無論淋浴再久也無法清除腦海中那些混沌的思緒，無論我吞下多少花灑所灑下的水，喉嚨依然乾燥粗糙。今天我應該暫停說話，對此，我很確定。

距離克羅埃西亞之行——那件事發生至今，已經快十個月了。我已經回到辦公室，成為美安公司唯一的領導者，與團隊一起努力確保公司持續發展。每天都是一場與時間的賽跑，我在學習新技能和處理日常公務之間疲於奔命。

今天又是行程滿檔的一天，幾乎沒有喘息空間。每天，我的負荷都處於滿載狀態，因為我不僅要處理當前的工作職責，還要接手JR的工作，隨著我對他負責的那部分業務了解得越多，這副擔子就越發沉重。

「需要幫您準備咖啡嗎？」我的助理問，此刻我剛坐下來開始看電子郵件。一共有三百四十八封未讀郵件，我得在第一次會議前處理完。

在克羅埃西亞之行前，我負責管理的內部事務包括：全系列產品的行銷和銷售、舉辦培訓，以及和超連鎖店主們合作，並協助JR處理任何他所需的事宜。通常JR會要我審閱簡報、參加電話會議，或審查即將推出的產品創意。出現問題時，JR會讓我協助解決。如果我們的銷售團隊遇到問題，他則會幫我找出問題，指導我制定解決方案，並協助執行。

在過去的幾個月裡，我意識到，為了保持美安公司的穩定和發展，我必須成為JR過去處理的所有領域專家。但矛盾的是，以前如果公司出現問題，他需要支援時，我是他可以依靠並協助解決問題的人。那現在，誰是我的後盾呢？

從個人財務學起

「羅琳，銀行打電話來催繳稅款，到明天下午五點截止。」

在克羅埃西亞之行前，我對財務幾乎一竅不通。我從未簽署過個人支票，只簽過公司支票。我從不需要處理銀行或帳戶的事情，那是JR的工作。

不同於一般市值數十億美元的科技公司，他們可能擁有最新、最先進的高度加密銀行系統，但JR仍使用Quicken理財軟體來管理我們的個人財務。這款老舊的軟體比美安公司的歷史還要悠久。他總是親手支付每一張支票，手動輸入每一筆開支、提款和付款，從不使用網路銀行，即使是處理我們的財務時也不例外。

JR清楚知道我們每一塊錢的去向。至於我，從未處理過支票簿，又如何接管公司財務呢？

但我必須學習，而且要迅速學會。儘管眼前的任務艱鉅，但我仍決心掌握管理公司財務所需的技能，也已經準備好踏上這段學習和成長的旅程。

我和會計師們坐在一起好幾天，了解我們的財務責任以及如何管理付款。我非常依賴馬克，他循序向我講解我們的會計系統。「我們是按季度支付，還是按月支付？」我問。「我們用哪個帳戶支付這些款項？」說實話，我幾乎傳訊息給所有人，不是請他們直接幫我，就是請他們幫我找對的人來管理帳務。

當我要繳交個人所得稅時，必須先確保自己知道正確的金額、如何開立支票，以及將支票交給正確的人。「我會在前往最後一場會議的路上準備好支票，」我發簡訊給會計師，字裡行間可以感受到我對處理個人財務的責任，逐漸建立起來的成就感與自信。

行程會議滿檔

我的行事曆上有六場與高階超連鎖店主的會議，他們都在迅速拓展自己的團隊。在克羅埃西亞之行前，JR每週都會透過電話會議與這些超連鎖店主會面交流，分析他們的業務，找出其中的不足和潛在機會，並提供具體策略。他與每一位超連鎖店主都保持密切的個人連結，這點讓我很佩服，他能記得數百位經銷商的相關細節，同時掌握整間公司的全局。

「嗨，德里坦！」我愉快地招呼對方。德里坦的超連鎖事業發展資料攤在我的辦公桌上。克里斯帝安和安德魯坐在我對面，認真地做著筆記。我們一起分享想法，幫他制定一項為期三個月的計畫，以增加他的團隊在健康營養產品上的銷售業績。德里坦掛斷電話前，以微笑和飛吻向我們表示感謝。

「下一個是誰？」我問。再過三分鐘，接著又是另一場電話會議。

電話、電子郵件、會議和問題接踵而來，節奏快得讓我幾乎喘不過氣，我的行程已經滿檔，不，是溢出來了，充滿我必須消化的事實、數據、流程和資訊。我穿著高跟鞋和配戴飾品，穿梭在公司走廊，讓每個人都能看到我是來工作的。但當我經過一面鏡子時，映入眼簾的仍是那個身上有著凹痕的身軀，更加疲憊不堪，現在還拖著一個裝滿情感包袱的沉重行李箱，彷彿隨時都會爆裂開來。

鏡子裡的影像嘲諷著我，證實我早已知道的事實——我背負得太多了。新的責任、悲傷和回憶的重擔，都已經化為一個巨大的、無形的行李箱，緊緊綁在我的背上。每走一步都變得更加沉重，肩帶深深地勒進我的肩膀，讓每一個決定都像是一項艱鉅的任務。這個行李箱彷彿有著自己的生命，不安分地搖晃著，裡面裝滿躁動不安的昔日陰影，低聲訴說著懷疑和恐懼。

然而，只有我能看到它。

在其他人眼中，我似乎神態自若，舉重若輕。我閉上眼睛，感受著身上那無形的沉重，低聲對自己說：「保持專注。」繼續前進的唯一方法，就是專注於經營這家公司所需要做的事情，即使這個行李箱可能隨時都會壓垮我。

財務恐懼與家庭挫折

「你喜歡脣膏包裝的顏色嗎？」安珀發簡訊給我。我剛和一位供應商通完電話，確認為什麼有一批貨沒有按時送達。

「喜歡，親愛的。有金色鑲邊的那款，放在貨架上更顯眼。」我是安珀的領導者，也是她的母親——無論何事，我都會放下一切，抽出時間，發自內心地回覆她。

離開辦公室前，我拿了結算稅款所需的文件，又看了一眼付款金額，「這數字對嗎？」我心想。但我又怎麼會知道到底對或不對呢？

我走到轉角處的JR辦公室，打開他的電腦，快速查看他的Quicken系統。他按照月分和年分整理了我們的個人財務。我找到他去世前支付的最後一筆稅款記錄，並將數字核對他上一回繳稅時開出的支票。我又打了幾通必要的電話，確定這個數字沒有問題。接著，我確認了明天與會計團隊的會議；對了，我們銀行的經理叫什麼名字來著？

我又感到一陣頭痛襲來。

交易未成的餘波

除了公司財務會計系統外，我也在學習如何管理我們的個人財務，這遠比回答一些關於醫療保險的調查問題複雜得多。在克羅埃西亞之行前，JR正在處理我們位於紐約的公寓出售事宜，已經有一位買家準備在幾天內完成交易。

大概在克羅埃西亞之行後一個月，電話響了。「萊丁格太太，我們聽說了，非常遺憾您所遭逢的不幸。為了不想占用您太多時間，我就直說了，考量到您目前的處境和經濟狀況，我們重新考慮了報價。如果要盡快完成交易，我們認為至少需要減價二〇%。如果您同意，我們幾天內就能成交，我相信您現在一定也希望能少一件麻煩事。您覺得這樣可行嗎？」這位買家真是一位有禮貌的混蛋。

羅琳，注意你的說辭，我在心裡暗自說。少說話。「好吧，那就成交吧！再見。」我的回答相當簡短、直接且不禮貌，但我不在乎。兩個月後，這筆交易仍未完成，買家第三次要求我降價。

我同意了，但最終還是沒有完成交易。因為我發現，這個買家試圖占我這個新寡婦的便宜。

我的iPhone上又閃現另一通來電。這次是關於我們的遊艇「烏托邦四號」，在克羅埃西亞之行後打算掛牌出售。

「萊丁格太太，我們很想買這艘遊艇，它非常適合我們。但老實說，我們的預算有些吃緊。您能考慮稍微降價嗎？如果不行，我們也能理解。」他的聲音平穩，帶點羞澀卻真誠。

我清了清嗓子，有些沙啞，仍然乾燥。少說點話，羅琳。「不。」所以，這筆交易也沒能達成。

當我拖著疲憊的身軀去吃早餐，同時查看電子郵件時，我的會計師發來一封主題為「萊丁格投資組合季度業績審查」的郵件。一直以來，我都會收到這些郵件的副本，但以前都是由JR負責審查。在克羅埃西亞之行後的幾個月，我與會計師說話的時間比密友們還多，我正學著成為那個能夠主導所有財務、事務的JR。這就像是一個從未想要面對金錢問題的女孩，重新回到學校。

在那天上午稍晚的一次通話中，會計師語重心長地對我說：「羅琳，你必須掌控美安公司的會計部門，否則有人可能會占你便宜。即使沒人這樣做，那些被忽略的小錯誤也會演變成巨大的現金損失。我們在下週的例會上再詳細討論。」

掛斷電話後，我靠在走廊的鏡子前，調整那只險些掉下來的耳環。鏡子裡又出現那個女人，看起來和我一模一樣，但是她的身體似乎每天都在被掏空。那個行李箱還在，塞滿無形的重擔，鼓脹的存在成為我背負重擔的提醒。它就懸停在我的倒影後面，鎖扣咔噠咔噠地開闔著，彷彿在嘲笑我試圖將它關閉的徒勞無功。

我的思緒再次飄忽不定，行李箱開始膨脹，影影綽綽的稅務文件、銀行對帳單和會計試算表紛紛溢出，像幽靈一樣在我四周飛舞盤旋。它們的低語聲充斥在空氣中：「你送拉拉生日花束了？你打電話去銀行詢問受益人聲明了嗎？你今天早上洗澡了嗎？你左臉頰上的那個斑點是什麼？」

專心，羅琳，專心。

我試著集中注意力，但那些表格卻旋轉得越來越快，形成一股由索求和懷疑交織的旋風。每一張飄忽不定的紙張都在拉扯著我的思緒，讓我難以清晰地思考。怒火開始升騰，炙熱而猛烈，我試圖伸手去抓住那些旋轉的表格，但它們卻像薄霧般從我的指縫間溜走。

我離開鏡子前，走進辦公室。我們正忙著規劃幾個大型項目，所以，如果馬克、安德魯和克里斯帝安發現我遲到五分鐘，就會出來找人。

學習公司業務和財務的方方面面讓我精疲力竭，但這些新學到的知識讓我更有自信地領導公司，也讓我感到更加堅強。我挺直地坐在辦公桌前，因為長時間看文件而覺得乾澀的眼睛，也因為每通電話之間的哭泣而布滿血絲。我比前幾個月更加自信地領導著公司；至少在參加會議時，不會因為必須承擔太多責任而心浮氣躁，不再隨便掛斷電話，也不會再咒罵員工或自己。

清晰與掌控

在這段期間，我開始渴望清晰的思路，這種清晰迫使我必須與自己坦承對話。我因為失去JR心懷憤怒，但不得不反問自己，為什麼要對美安公司的每個人大喊大叫。作為這個組織的領導者，我是否不清楚自己需要什麼？公司需要什麼？我是否只是單純需要更多的幫助？我還要學習什麼？我是否還遺漏什麼？我能多快學會這些？

鏡子裡那只鼓脹的行李箱，不僅是我的情緒包袱，也承載著我止不住的淚水——它是一個活生生的、有生命的存在。自克羅埃西亞之行後，我的承受能力明顯變小，但那只行李箱卻以同樣的比例變大，它不僅承載著我的負擔，還有JR殘留下來的生活片段、他的未竟之志，以及他揮之不去的存在……繃緊的縫線彷彿隨時都可能爆裂。

我看到鏡子裡的倒影——一個眼神空洞、笑容疲憊的女人，站在一個裝得滿滿的、似乎隨時都會爆裂的行李箱旁邊。行李箱彷彿有著生命一樣，呼吸著，喃喃低語著那些無法言說的話語、未曾呼吸的氣息和未曾完成的責任。我幾乎可以看到行李箱裡面，那些回憶和責任在翻騰、扭動，擠壓著外殼，如洪水猛獸般想拚命逃脫出來，將我淹沒。

我像是在時間夾縫中生存，除了要過自己的生活，還要承接JR所遺留下來的部分，宛如一隻腳駐足於當下，另一隻腳卻深陷在過去，舉步維艱。而那只行李箱，彷彿隨時都可能會炸開，把裝載在裡頭的秘密和悲傷灑向世界，任人撿拾。我的倒影似乎在對我懇求，苦苦哀求、催促我騰出空間，減輕一些負擔。

在承受能力下降的情況下，清晰的思路成為我的救星。它像一把鋒利的刀刃，可以劃破混亂，揭示出真正重要的事物。於是我開始清除日程中不必要的雜音，禮貌地婉拒那些無需參加的會議，同步整合或刪除那些占據我生活中額外空間的事情。同時兼顧管理公司、領導家庭，以及應對毀滅性的孤獨，我已再無餘力應付那些無關緊要的瑣事。

在鏡子的深處，我看到的，不再只是那個疲憊的女人，而是一位堅韌的女人——羅琳，領導者；羅琳，母親；羅琳，寡婦。即使肩上背負著兩個人生的重量，卻依然毅然前行。我的倒影，被那鼓鼓囊囊的行李箱框住，提醒著我，即使身負重擔，我仍然可以找到清晰的方向、目標和力量，繼續前行。

前路漫漫

到達辦公室後不久，我加入ZOOM會議，數十位主管正等著我開始會議。

「嗨，各位。我們今天的進度如何？」我坐在辦公桌前，準備開始一天的工作。JR剛過世那段時間，這些美安公司的會議總是讓我很難受，我和那些無法理解我的悲痛，以及這個悲痛在我內心造成扭曲的人交談，他們只會不斷要求我給出當時給不出的答案。

「我不能」、「我不知道」、「我壓根不知道」或「你們就不能自己解決嗎？」這些話如脫籠狂鳥般，憤憤地從我的喉嚨裡飛出。這些會議對每個人來說都很艱難。我會先坦承：那時的我真是一團糟，但如今多虧了清晰的思路，現在我知道自己需要成為怎樣的人。在講話之前，我會快速與內在自己進行一次訪談，像是自問自答。

「羅琳，這是怎麼回事？為什麼我們不能暫時忘掉悲傷？讓我們解決真正的問題。真正的問題是——你的團隊沒有發揮應有的水準。我們該怎麼辦？我們該做何改變？」

自克羅埃西亞之行以來，我的語氣第一次變得柔和。我用一種更友善、更溫柔的方式與人們打招呼。

「看來我們下一次大會門票的銷售有點疲軟。」另一端的聲音說。

我回答：「好的。那我們需要做些什麼來解決這個問題？目前整個團隊的表現，離我們的標準還有段距離，那我們如何團結起來，一起解決這個問題？」

在一次公司的動員會議上，主管們開始像鳥兒一樣嘰嘰喳喳——說了很多話，始終沒有具體方向。我俯身靠近ZOOM的鏡頭，深吸一口氣，開口說道：「我不想再為我們的團隊感到憤怒了。在過去這十個月，我一直很生氣，也很難過。我無法收回自己過去說過的話。但我只想告訴你們一件事——我愛你們。我們已經一起走過三十年了，但現在，我需要你們站出來。」

要求團隊一起成長

我的聲音清晰而堅定，目光專注向前。五分鐘後，我還有另一個電話會議要準備。我沒有時間聽藉口、閒聊，或聽取「但是等等！」這樣的打岔。我已經下定決心，必須堅持下去。我簡明扼要地說明需要調整的內容，包括團隊內部的匯報方式，以及我即將導入的全新「責任標準」，這將成為我們的新常態。

「不，你不必這樣做！」一位資深主管打斷我說。「為什麼要這樣，羅琳？」

「因為我從未預料到，要做現在所做的每件事，我正在學習和承擔JR過去負責的事務，此外還要兼顧我原來的職責。你們都必須與我一起成長，只有這樣我們的公司才能繼續壯大。」我解釋道。

「但是這個？我已經跟隨你很久了！我也跟隨JR很久了！我不需要新的管理方式！」

「我再說一遍，我愛你們，」我的語氣平和，「但我現在正處於人生最艱鉅的戰鬥中。此刻如果你們不能為我、也為JR站出來、支持我們，那麼我就必須重新思考團隊成員了。」

面對那些為我們效力數十年、並視如家人的員工，我無法給予他們所渴望的承諾，卻要與他們劃清界限，實在令人痛苦不堪。但清晰的思路讓我著眼於大局；我無法增加自己的承受能力，所以為了生存，必須有所改變。

在JR去世之前，我會處處寬容，給他們機會，相信會有所改變，願意給他們時間去彌補和改進。但現在，我已經沒有餘裕去容忍任何表現不佳的狀態。我必須比以往任何時候，都要更加果決、堅持強硬的立場。有些人無法接受；有些人難以適應。但這些界線，迫使我專注於真正重要的事情，把最重要的事情放在我有限的心力上，優先處理關鍵目標。對於公司來說，當務之急是讓我們的業績重回正軌。

啟動全球城市巡迴

我自從三月份在領導者訓練大會上演講後，這段時間每天都與團隊一起工作，慢慢開始感覺在工作中更加踏實了。每一次能順利在不崩潰的情況下對話，對我而言都是一場勝利。我投入更多時間與團隊、員工和超連鎖店主相處，接觸的人越多，即便只是花五分鐘取份文件，也讓我倍感自在。

在領導者訓練大會之後，公司煥發活力，因為在邁阿密相聚相擁、建立新友誼、共同歡笑和交流而充滿動力。這正是JR最熱愛公司的部分。在各個大型年會之間，最有助於建立事業的方式，莫過於與人們面對面的交流。與新加入或資深的超連鎖店主會面，傾聽對方的需求，指導並引導他們，並為他們提供自我成長的工具，這無疑是我們這段旅程中最令人愉快的部分。

經過數個月的電話和會議，以及對美安公司各個方面深入了解後，我決定是啟程上路的時候了。於是在二〇二四年初，我們策劃了一場走遍二十多個城市的巡迴訪問，與各地的夥伴會面，吸引新人加入我們的事業體系，進行現場腦力激盪和指導，與各地超連鎖店主深化連結，並讓他們看到自己所參與的公司業務依然蒸蒸日上。

在巡迴訪問的前幾站，我坦率地展現自己的脆弱。在言談間，也許仍然帶有一點怒火壓過了我的聲音，但我強迫自己要竭盡全力、以最熱情的方式，重新點燃超連鎖店主的信心。隨著巡迴訪問持續進行，談話這件事情不再那麼困難，雖談不上樂在其中，但確實容易不少。

我讓他們看到我脆弱和真實的一面，我釋出更多善意並以清晰的話語表達，同時仔細斟酌著我的言辭與立場。我的日常工作似乎更有條理，投入越多越能沉浸其中，哪怕只有短短幾小時，也讓我可以轉移悲傷情緒，稍得喘息。

與超連鎖店主們相處，是我最快樂的時光，就像JR還在世的時候一樣，能帶給他們安心和鼓舞，也讓我獲得安定。反倒是在辦公室時，我才比較容易情緒失控。巡迴訪問能激發出我最好的一面，也減少在辦公室裡發脾氣的次數。我心中充滿歡喜和滿足，能與超連鎖店主們再次聚首，再次踏上JR與我曾經攜手走過的旅程……與領導者們攜手並肩，共同前進。

在我的個人生活中，「家庭」是重中之重。成為安珀更好的母親，還有孫子們更好的咪咪，而這意味著我要把時間花在真正重要的事情上，按照我想要的方式生活，不受外界干擾。

蝌蚪與蛻變

到了傍晚六點左右，我的手機終於安靜下來。我一整天都在回覆接踵而至的問題，「這個我們應該怎麼做？」「那個你需要多少？」「我們能這樣做嗎？」無數的決定讓我大傷腦筋，太陽穴抽痛。

我踏進家門，經過一天的喧囂混亂，瞬間陷入令人窒息的沉寂。我放下包包，感覺一天的重擔也從肩上滑落。當我走過房間時，眼前一切都和我早上離開時一模一樣，與我腦中紛亂如麻的思緒形成強烈對比。我的思緒又飄回上午那通惱人的電話，我是不是應該再確認一下，自己的電話號碼是否還在那個「封鎖來電」名單上？這個問題在腦中縈繞不去，加劇了這一天的沮喪。

突然，我的手機又響了，一聲通知訊息打斷了我的思緒，這次是安珀打來的FaceTime視訊電話。我連忙接起，努力讓自己的情緒平復下來。「嗨，親愛的，」我說，勉強擠出一絲笑容。

「嗨，媽媽，」她熱情地回答。「艾登有個問題想問你。」

我看到她把手機遞給我的外孫，艾登的臉瞬間占據整個螢幕，他的眼睛睜得大大的，滿是興奮。他戴著塑膠手套，手裡拿著一個燒杯。「咪咪，你什麼時候要來看我和外公在水族箱裡養的蝌蚪？」

一股苦樂參半的情緒湧上心頭。JR過去最喜歡和這些孫子們一起玩耍，和他們一起趴在地上，弄得髒兮兮，還喜歡做科學實驗。後院常是他的探索天地，他時常在那裡發現各種動物，甚至還在家裡安裝一個大型科學實驗室，讓孩子們可以像火箭科學家一樣做實驗，裡面還養了幾十條魚，可以教孩子們認識海洋生物的種種知識。

我還記得，他和艾登帶回一百顆青蛙卵的那一天。JR自己就像個孩子，充滿興奮和期待，他們打算看著那些卵孵化，並成長為奇妙的生物。因為我從沒買過蝌蚪，所以對我而言，這些細節依然是個謎。然而，JR的熱情總是深具感染力，甚至有辦法讓每一刻都變成一場冒險。

「我很快就會去看你，艾登。」我說，聲音稍有哽咽，「我們再一起去看看那些蝌蚪。」

艾登笑了起來，即使隔著手機螢幕，也能感受到他的喜悅。「好的，咪咪！我等不及了！」

我放下手機，深吸了一口氣。JR的精神不斷在這些微小的日常時刻中傳承延續。他的精神存在於水族箱、科學實驗和孫子們的歡聲笑語中。

我走到公寓裡的水族箱前，凝視著水裡的一切。這裡雖然沒有蝌蚪在游動，但是有金色和藍色的魚在裡面繞圈游動。這個景象讓我的眼眶濕潤，也讓我的臉上露出笑容。

就在那一刻，我意識到在所有的新頭銜中，我必須為艾登騰出空間，成為他的海洋生物學家。

我的領悟：擁抱混亂，重新定義自己

失去摯愛後的人生，不僅僅是追尋平衡，更是重新定義平衡的意義。當你的生活天翻地覆時，世界並不會因此停止運轉，反而會加速。你會突然要承擔起從未想像過的責任，而悲傷的重量讓一切都變得更加沉重。但是我學到的是：關鍵不在於掌控混亂，而是擁抱它。在這些混亂之中，你會發現什麼才是真正重要的，哪些是可以放下的，以及自己力量的所在。

在悲痛中，我意識到領導力不僅僅是指引他人；更是在最黑暗的時刻引領自己。即便心碎也要做出艱難的決定，即使覺得力不從心也要重拾勇氣，繼續前行。我必須學會不僅優先關注公司的需求，也要照顧自己的身心健康、我的家人，以及我和JR一起建立的基業。

清晰的思路不是來自等待暴風雨過去，而是站在暴風雨的中心，正面迎擊，並決定要為何而戰。無論是確保美安公司的未來，還是單純抽時間和孫子一起觀察蝌蚪的成長，關鍵都在於做出符合個人核心價值和滋養我靈魂、有意義的選擇。

所以，真相是：生活永遠不會回到從前了。舊的平衡已然不復存在，新的平衡既脆弱又變幻莫測。但在這種脆弱之中，仍然蘊含著力量——重新定義你的人生、目標，以及為你摯愛之人現身的力量。這與完美無關；而是與進步有關。向前邁出的每一步，無論多麼微小，都是一種勝利。每一刻的清晰，無論多麼短暫，都是一份恩賜。

所以，擁抱混亂吧！讓它教導你，塑造你，並揭示出你未曾察覺過的內在力量。因為到最後，重要的不是你能夠多麼遊刃有餘地應對一切，而是你選擇堅持的一切，以及你是否擁有足夠的勇氣放下一切。

第9章

在共同哀傷中療癒

時間：JR去世後十四個月

參加團體輔導課

每當有人離世時，常常會有人提供一些陳腔濫調的建議，像是「時間會治癒一切」之類安慰的話語，但事實上，這些都只是空泛的詞句。時間並不能治癒任何事情。它只是一股無情的力量，推著我們向前，對留在身後的痛苦漠不關心。

當你失去所愛的人或事物時，才會發現一個簡單的真理：你仍將繼續存在，而時間就像是無情的洋流，推動你穿越平靜和波濤洶湧的水域。時間是不近人情的看護；它的雙手冰冷而無情，推著你前行，從不為了你的悲傷而停留。

JR已經過世好幾個月了，時間帶給我的只是一片不斷變化、情緒翻湧的海洋。我找不到堅實的立足點，隨波逐流，持續與海流搏鬥。

在邁阿密時，某個特別潮濕悶熱的星期三下午，我發現自己對時間感到前所未有的憤怒。濃重而悶厚的空氣，緊緊黏附在我的皮膚上，我強迫自己走進市中心一棟毫不起眼的辦公大樓，雖然曾經開車經過無數次，卻從未找到踏進一步的理由。因為瑟琳娜建議我參加這個喪慟團體輔導課程，而地點就在這棟大樓三樓的多功能B會議室。

這個場景實在太令人出乎意料了。我是來做心理諮商，還是來報稅的？房間裡那種空蕩無味的氣息，讓我更加不舒服。我猶豫了，不知道此刻是否適合與陌生人分享自己的故事，我還沒有準備好，讓他們看到我的眼淚。我甚至還沒坐下，就差點想要轉身離去。

瑟琳娜的聲音在我耳邊響起：「羅琳，你什麼方法都試過了，就去參加一次團體課程吧！」

瑟琳娜說得對。在我嘗試過的一系列方法中，何妨再多一次團體課程？我已經解雇了五位心理治療師，最後一位心理治療師還建議我重新開始約會。「約會？」她瘋了嗎？

在B會議室裡，一群明顯不快樂的女性，圍坐成一個半圓形——有些人年輕得出乎我的意料，幾乎可以當我的女兒；有些則已接近我這般年紀，足以成為祖母輩。她們之間的對比更令人震撼。有幾個人看起來像是剛從高檔餐廳Prime 112出來，拎著名牌包、穿著高跟鞋，頭髮也精心的挑染和吹整過。還有幾個人看起來像是把悲傷當作一件沉重的斗篷穿在身上，如影隨形。

我坐在一位身穿紅色上衣、緊緊抱著手提包的女士旁邊。我深深吸了一口氣。為什麼空氣中沒有任何氣味？聞起來像是一片被抽離的空白。難道這就是失去一切的味道嗎？

群體的哀傷

瓊・蒂蒂安（Joan Didion）在《奇想之年》（*The Year of Magical Thinking*）書中的一句話，像霓虹燈一樣在我的腦海中閃現——「剛剛失去親人的人都有一種特定的表情，也許只有那些在自己臉上看過這種表情的人才能認得出來。」這是真的。在她們臉部的輪廓中，在因為錯過修眉預約服務而四處亂竄的細小毛髮中，在被淚水洗禮而變得粗糙的眼下柔軟皮膚中，我都能看到那種難以承受的失落感，正如同我此刻感受到的一樣。

我們的團體輔導師是一位身穿運動外套的高大男子，他走進房間並坐在半圓形座位的正前方。「請分享你們的名字，以及今天的心情。」他輕聲指示道。他的聲音很溫柔，但我一點也不自在。我緊抿著嘴唇，試圖淹沒瑟琳娜的聲音。時間將我帶到B會議室，但我知道自己還沒準備好要分享任何隻字片語。我雙臂交叉，準備面對這些陌生人不可避免的眼淚和悲慘故事，我又深吸了一口氣，依然什麼氣味都聞不到。

當其他人分享自己的故事時，我清楚地意識到彼此的共同點——我們都還深陷在痛苦中，也許這種傷痛將永遠伴隨著我們。在B會議室的我們，有些人是在失去一切後的短短幾週內就來到這裡，有些人則是經歷了好幾年。無論時間過去多久，傷痛依然存在。時間並沒有治癒我們其中的任何一個人。

身穿紅色上衣的女士率先發言，「他包辦了一切，還無微不至地照顧我。」她說。坐在幾乎我對面位置，身穿耐吉（NIKE）運動服的女士也開口，她的丈夫在睡夢中因心臟病發作去世了。

「我必須再找一份工作，」她啜泣著：「否則我的孩子就得輟學了。」

我的防線潰堤

聽著這些女性分享她們的故事，我的防線開始潰堤。我們都失去了一切。對我們其中的某些人而言，失去的不僅僅是「一切」，而是很多個「一切」。我們都失去了生命中最重要且無可替代的人。對我而言，JR是我的愛人，我的丈夫，我孩子的父親，我孫子們的外公，我的教練，我的知己，我最好的朋友——我的一切。

現場這些女性也失去她們的經濟支柱、安全網和堅實的依靠。一位女士談到與她共事二十年的一位事業夥伴突然離去，這種背叛感同樣令人崩潰，即使他們並非家人，「他是我工作上的丈夫，我和他在一起的時間比孩子們還要多。」她的話深深觸動我。她失去了全部事業，在彼此分道揚鑣後都無法恢復，無論是在財務上還是在情感上。

只有當你親身經歷時，才會明白悲傷如何以各種方式包圍著自己。聽著這些女性坦露心聲，她們內心的真實就像拼圖的碎片一樣，我開始慢慢拼湊，一點一點接近真相的全貌。

「羅琳，你今天願意分享自己的故事嗎？」運動外套先生點名我，半圓形座位上所有的目光都落在我身上。

我感覺到JR的存在，他正看著我，鼓勵我發言。我清了清嗓子，嚥下口水，看著半圓形座位上的每一個人。我用拇指和食指撫摸著結婚戒指，然後開口說話。

「我的故事是，我和JR一起建立我們的夢想生活。我們創立的公司——美安公司蓬勃發展，在國內和國際市場上穩步成長。我們花了三十年時間打造這家公司；它為我、我的家人和數百名超連鎖店主提供一種生活和一個家，甚至許多個家。就因為JR

多年前的夢想，讓我們所有人都能實現自己的夢想。我們一起賺了很多錢——非常多。更重要的是，我們持續幫助全世界成千上萬的人掌控自己的財務命運。

我們闔家健康快樂，我們一起去旅行，幾乎做什麼事都一起——除了滑雪，因為我討厭高海拔的地方。JR每年都會去一次滑雪，儘管他會懇求我陪他一起去，但我從不跟著去。所以，我們每天二十四小時，每週七天，每年三百六十五天，除了他去滑雪那四天，都在一起。我承認，我需要那四天的休息時間——我不會出門，而是頂著一頭油膩的頭髮，在家裡無所事事。那感覺棒極了！」

任由情緒流動

我在說什麼？毫無計畫、毫無修飾，這不像我自己的風格……我故事裡的文字彷彿有了自己的生命。「那是屬於我們的時光，直到它不再屬於我們。」

故事的這一部分從我口中流暢而穩定地說出來，就像我在講述別人的生活。房間裡的每個人都看著我，想知道他們應該保持沉默，還是說些什麼來安慰我。我又吸了一口B會議室的空氣，隨即，情感的潮水開始湧向岸邊。

「至於現在我真是氣炸了！因為再也無法和我的靈魂伴侶一起過著夢想中的生活，無法再用盡全力愛他，好讓我們永遠不分開，結果我現在卻和你們一起坐在這裡。我快被孤獨淹沒了。我的悲傷如此沉重，難以正常呼吸。我背負著太多的憤怒和內疚，我感到筋疲力盡，這一切都糟透了。所有這一切都是。」

我再次吸了一口氣。「這個房間，整個房間，聞起來全是憐憫的味道。而我討厭這種氣味。我討厭它。真該死！」

房間裡一片寂靜。

在感覺好像長達幾個小時的時間裡，我們只是彼此凝視著。情緒像浪潮般一波接一波湧上岸邊，又退了回去，將碎片在我們之間來回拖拽。我已經無話可說，沒有更多故事可以講給B會議室的人聽。我專注地感受結婚戒指在指間的觸感，而運動外套先生則在思考著，如何帶領我們離開這片礁石嶙峋的險峻海岸。

謙卑與同理

時間把我帶回到B會議室，讓我面對新的情緒：謙卑與同理。

我透過新的視角看待現場這些女性，專注於她們臉上的傷痛和憂慮。我想起，自己在JR去世近一年來的生活狀態。這幾個月我一直躲在家裡，即使工作時也如同行走在迷霧中，腦中不斷想著我到底在做什麼、該做什麼、該往哪裡去。大多數時候，我根本無法思考公司的事。

但我並不擔心經濟狀況，或如何保持安穩的生活，我仍有許多退路，不論選擇哪條路，還是哪條路都不選。我擁有一個很棒的支持系統，儘管每天都承受著無邊無際、無處不在的孤獨，但我仍然感受到愛。而此刻的我，卻僵持在恐懼中，難以自拔。

我環顧四周，然後抬起頭。我確信，JR 正在天上注視著這一切的發生。

我坐在那些亟需一個穩固立足之地的女性身旁，她們渴望能有一種方式好好照顧自己、迎向未來。就在那一刻，我內心感受到一絲微弱的火花，像是突然被接上電源的那種小小觸動，我看到她們對生存感到恐懼，讓我得以從自己的思緒中跳脫出來，並將悲傷暫時擱置的理由，即使只有短短的一個小時。就在這個由坐椅圍成的半圓形空間裡，我重新找到那個問題的答案：「我，為什麼而做？」

聽她們的故事

其中一位女士特蕾莎，引起我的注意。她緊緊抱著一個名牌包，那是已故丈夫送她的禮物，如今看來，這個名牌包象徵著她失去的一切。她的眼睛紅腫，但言談間卻帶著一絲溫柔的堅定。「我們結婚十八年了，」她開口說道，聲音微微顫抖。「他曾是我的磐石，我的依靠。但現在，我必須學會過沒有他的生活，就像得在生活的每個部分練習失去他的日子，這讓我感到恐懼。」

她的話深深觸動我。因為JR也曾經是我的磐石，我曾經如此依賴他，不僅在我們的私人生活中，也在我們的事業上。而現在，就像特蕾莎一樣，我有很多東西必須重新學習。

坐在她身旁的是莫妮卡，一位有兩個孩子的年輕母親。她的丈夫在六個月前的一場車禍中去世。「我不知道如何同時扮演父親和母親的角色，」她坦言，淚水順著臉頰滑落。「我必須快點找一份工作，但我已經做了很久的全職媽媽。想到要離開孩子去工作，我就心如刀割。而且我不知道如何成為他們的爸爸；他們需要有人來擔任父親的角色，只靠我一個人是不夠的。」

莫妮卡的掙扎同樣映照出我內心的無力感。我一直沉浸在悲傷之中，以至於忽略了我在美安公司、作為母親和作為外婆的責任。這個領悟讓我感到晴天霹靂——我需要為他人振作起來。

接著是愛麗絲，一位失去終身伴侶的老婦人。她已經七十多歲，沒有直系親屬。「我們原本為人生的下一個篇章做好計畫，」她說道，聲音微弱得幾乎聽不見。「但是現在，我必須獨自面對這些歲月。沒有他，房子裡空蕩蕩的。我太老了，無法重新開始，所以我覺得自己就像是在等待——自己生命的結束。」

愛麗絲的孤獨感如此真切，讓我想起曾強加在自己身上的那種孤立感。我刻意疏遠同事和朋友，切斷對我的療癒和公司延續至關重要的支持系統。我並非有意這樣做，只因為不夠警覺，事情就這樣發生了。

我記得那些與自己的對話，無非都是希望能在另一個世界與JR重聚。我常常想，如果他正在另一個世界等著我繼續生活，如果我能確定這是千真萬確的，我就會想盡一切辦法去找他。直到我深陷其中，無法自拔，我才真正理解了什麼是重度憂鬱。說真的，若是沒有親身經歷過，你永遠不會懂那是什麼感覺。

那一刻的頓悟

每個故事都是一縷絲線，緊緊牽引著所有人，編織出我們共同的悲傷。這些女性不僅失去摯愛的人，還失去她們的安全感和身分認同。她們和我一樣，正航行在未知的海域。

我深吸了一口氣，出乎所有人意料地插話說：「我和JR創立美安公司，就是為了幫助成千上萬的人打造屬於自己的成功事業。人們來到美安公司，是為了創造自我價值；無論他們的出發點為何，他們都渴望達到財務上的自由。我最近有些忽略這一點，美安公司不只是成千上萬人的生命線；更是指引人們追尋和規劃自己夢想的藍圖。這就是為什麼JR對這項事業滿懷熱情，並且全心投入。這也是為什麼我仍然如此執著的理由。」

在場的女性都點頭表示理解。她們不需要知道關於我的財富或事業的具體細節；她們需要的，是知道有人理解她們的痛苦，並且願意幫助她們。

在B會議室裡，我和這些女性都因為悲傷而連結在一起，她們其中許多人都生活在對未知的恐懼裡。當你失去一切之後，還會剩下什麼？這一瞬間，我猛然醒悟，這就是我在這間會議室裡，更在未來旅程中的「為什麼」。

當我繼續用食指繞著手上的結婚戒指打轉時，那枚戒指彷彿變成一個刻度盤或指南針，而那個由座椅圍成的半圓形彷彿化作一道廣闊的地平線。

我意識到，我可以幫助B會議室裡的陌生人，尋找她們生命的浮木——不是靠給她們一份工作，而是理解她們的感受，這是那些未曾失去的人根本無法理解的。我可以透過重新融入這個世界——只要我願意更仔細聆聽人們的故事，並承認她們的故事和我的故事一樣，那麼真實、令人撕裂。我可以走出去，幫助人們為自己創造機會，這樣無論失去什麼，都不會被這種令人癱瘓的恐懼所困住了。

我清了清嗓子，再次開口，這次帶著更大的決心。「我們都有屬於自己的戰鬥，也都有屬於自己的力量。我的女兒安珀曾經告訴過我一件事，我永遠不會忘記。她說：『我正在哀悼，因為我同時失去了我的雙親。我的父親去世了，他已經不在這裡，但我也失去了我的母親，儘管她還在這裡，但她已經不是原來的媽媽了，永遠都不會再一樣。現在，我正在努力學習去愛和適應這個新版本的媽媽。』」我的聲音在那一刻哽咽了，我低下頭，坐在我旁邊的女士把手放在我的肩膀上。安珀的話真誠地觸動在場所有人。

像我這樣深愛一個人，就意味著當他離開時，你的某一部分也隨之改變，而且是無法挽回的改變。同時儘管面對失去，你還是必須為了自己、為了身邊仍需要你的人，重新定義自己。我們一致認為，這才是作為倖存者最可怕的部分。

瑟琳娜那張堅毅而美麗的面孔，此時在我的腦海中浮現。她鼓勵我參加團體治療課程，鼓勵我走入人群，與其他失去親人的人在一起，「也許會有所收穫，」她說。確實如此。謝謝你，我的朋友。

我已經準備好了，是時候該讓自己重新全速前進了。

我覺得，時間就是個混帳，直到今天，我每天都以人心所能承受的不同方式，感受著那種傷痛。我也明白，我根本不會知道還要被這些情緒支配多久；但我已經做好準備，迎接這份可能會永遠延續的痛苦。然而，那道火光又再次出現了。JR正在看著，而我會以行動來向他致敬——我們永遠的領導者。

給JR的一封信

我沒有在B會議室與那些女士們相處太久，儘管如此，她們的故事永遠伴隨著我，點燃那微小的火花，激勵我繼續前行。

我發現，要熬過最巨大的失落，你必須先放下一切，找到一個理由讓你的時間再次變得有意義。那個理由，那個「為什麼」，會拯救你，讓你免於溺斃。

時間竊笑著：「終於！」

悲傷低語著：「我還在這裡。」

而JR的聲音則輕聲說道：「我愛你，羅琳。」

那天晚上我回到家後，寫給JR一封信。

最親愛的JR：

有件事一直放在我的心底要對你說。我從未問過你，如果你比我先離開，我該怎麼辦？儘管你大我十八歲，但我從沒想過有一天你會比我先走。這念頭從未出現在我腦海中，真的一刻也沒有。這不是很諷刺嗎？我們總是談論著永遠，但永遠卻不在了。

我記得在我們交往初期，大概是第十五年的時候，我想過要問你這個問題，但始終沒有說出口。我刻意迴避這類話題，以免招來厄運，所以我從未問過你，而你也從未提起。

我記得有一次，我提議為我們購置一座美麗的墓地，這樣我們就可以長眠於彼此身旁。你笑著說：「我想，我們應該談談這件事。即使我們的肉體不在了，我們的精神也會永存。我們會把骨灰灑在美麗的地方。」那是很多年前，也是唯一一次讓我知道你想火化的原因。

我不得不緊緊抓住那段記憶，因為我從未問過你，關於你想安息在哪裡，如何處理銀行帳戶，或是否有一些我應該知道而被隱藏的事情？我甚至不知道我們去克羅埃西亞旅行時，你在公事包的拉鍊裡還塞了一萬三千美元的現金，直到我發現它。由於你從小一無所有，所以總覺得身邊沒有現金會感到不安。

而此時此刻，我為每個大小決定折磨著自己，真希望我們曾經討論過，我現在應該如何處理我們的家庭、我們的錢、你的骨灰、公司，甚至你的古龍水。

大概是五年前，我再次問到關於我們身後合葬的事，想著我們會共享一個安息之地。但你一如既往提醒我，你不想困在墓地和墓碑裡，你想要自由，把我們的骨灰四處灑落。你說：「我們總有一天會談論這個問題，但不必為安葬的問題操心。」我希望，當時能更堅持一些繼續追問。也許你相信我會做出正確的決定，因為你知道我非常了解你，會尊重你的意願。

但是，JR，這些對話對大多數人來說都意義重大，因為悲傷不常被拿來討論——我們不在學校談論，也不討論該如何經歷和克服它。但這是真實的生活，正因為如此，人們才選擇迴避。結果就是，他們最終會像我一樣，對每一個舉動都感到疑惑。我應該保留這棟房子嗎？如果我賣掉房子，你會生氣嗎？你希望我怎麼做？

我希望，當時我們能多談談這個問題。也許那樣的話，我現在就不會感到如此迷惘。但儘管如此，我保證我會盡所能紀念你，做出讓你感到驕傲的決定。

我希望，

無論你身在何處，都能明白這一點。

我將永遠愛你，羅琳。

這又是一封，我應該在他還活著的時候寫的信。

我的領悟：找到你的「為什麼」？

讓我告訴你一些我的親身體會，一些以沉重代價換來的見解。

悲傷，就像時間一樣，從不等待，也不讓你停下喘息。它不會為了你的眼淚而暫停，也不會給你片刻重整旗鼓。它是一場持續肆虐的風暴，若不小心，便會將你捲入其中，甚至難以喘息。但我要說的是：在這場風暴中，你也會有機會重新認識自己，理解存在的意義。

當我失去JR的時候，我覺得失去了一切。我的精神支柱、我的人生目標、我每天醒來的動力都消失了。我知道你們當中有許多人也曾有過同樣的感受——無論是失去一位摯愛、一個夢想，或是自己的一部分。那種感覺就像是世界末日，一切都不回不去了。確實如此，一切都再也不會一樣。但這並不意味著你的人生就此停止，而是要問自己最關鍵問題的時刻：「為什麼我還在這裡？」

對我來說，答案在我最意想不到的時刻出現了，就在那間毫無生氣的會議室裡，周圍是一群同樣失去了她們「一切」的女性。那一刻，我明白，這些意義並不在於事業、金錢，甚至也不是JR和我同心耕耘的願景，而是更為深刻的內涵——一種對我自己和他人的承諾。

我體悟到，儘管痛苦，還是有責任為身邊的人和我自己找到新目標。我願將個人的悲傷轉化為扶持他人的支柱，讓我的時間變得有意義。

那麼，這對你來說又意味著什麼呢？很簡單：即使在難以想像的失去之後，你仍然擁有重新定義自己故事的力量。你有力量將悲傷轉化為一個全新的開始、一個新的目標，既紀念你所失去的，也珍惜你仍然擁有的一切。

用痛苦作為燃料，推動你前進、重建，並重新發現那個將引領你穿越風暴的「為什麼」。

試問自己，你的「為什麼」是什麼？有什麼可以將你從黑暗中拉出來，讓你的生命再次富有意義？它不一定是偉大、或能夠改變世界的事情，有時可能很簡單，像是決定為自己和那些依然需要你的人好好活下去。但千萬要清楚：找到你的「為什麼」，是在失去後生存和成長的關鍵。當其他一切都感覺像是要溜走時，它會讓你保持腳踏實地。

你並不孤單，有我與你在這條路上同行，學習著，跌倒著，然後再次爬起來。我想讓你知道，如果我能找回人生目標這條路，你一定也可以。悲傷或許會緊抓著你不放，但你的人生、時間和目標，都由你來重新定義。

一步一腳印，一天一天慢慢來。請記住：**即使失去最偉大的愛，最好的生活仍然在前方等你**。發現屬於你的人生，充實而全然地活著，讓每一刻都有意義，這是你與生俱來的權利。

這是你的旅程，你的時間，你的人生。好好把握！

第10章

人生的「破折號」

時間：JR去世前三十年

破折號的起點

生命中，總有一些時刻定義了我們，塑造了我們的本質和成為怎樣的人。那些時刻，就是鐫刻在墓碑上出生和死亡日期之間的那一道「破折號」——簡單一個符號，卻承載了我們的人生故事。這道「破折號」代表我們活著的時間、累積的歷程，以及我們所做出的無數選擇。如今回首，我終於明白，那些舉足輕重或無關緊要的時刻，如何推動我走向命中注定的人生。

我十六歲那年夏天，意外在西爾斯百貨獲得一個好工作，從那時起我就明白，人生總會用自己的方式帶來驚喜。那不僅僅是一份打工，是我第一次嘗到「成功」的滋味，並點燃我內心的一把火，至今仍未熄滅。

高中生活則是另一段截然不同的人生故事。那段期間，我覺得自己像個隱形人，那些家境富裕、父母有能力負擔最時尚、潮流尖端消費的同學們，讓我黯然失色。因為我的家庭經濟狀況，沒有餘錢讓我買名牌牛仔褲，而那些褲子對我來說，是一種「被認可」的門票。但我只能穿著從西爾斯百貨買來的仿冒 Jordache 牛仔褲，常因此覺得自己比不上那些鄉村俱樂部的女孩們。儘管我的母親總是鼓勵我，但在我的內心深處，一直對自己的身分和家境感到不安。

有一天，我鼓足所有的勇氣，決定自豪地穿上那條西爾斯的仿冒牛仔褲。令我驚訝的是，其中一個鄉村俱樂部的女孩，竟然稱讚我身上的那條牛仔褲。我心裡暗自竊笑，因為我知道那條褲子是仿冒品。但是就在那一刻，我體悟到，自信的力量可以轉變一切，可以超越任何品牌標籤，讓你無論身處何種境遇，都能感到充滿力量。

改變人生的十八歲

那份自信陪伴我度過一段短期的辦公室工作時光，在那裡，十八歲的我遇見了 JR。

他不只是我的男朋友，更是我的導師和引路人。從第一眼見到他，我就被深深吸引。他的年紀大我快二十歲，他的思維方式相當前衛，尤其是一談起網際網路的想法，更是我前所未聞，顛覆大多數人的傳統選擇——那種會將人的熱情與人生消磨殆盡，最終卻一無所有的「四十五年工作計畫」，一份工作做到退休，到頭來什麼也沒留下。我對他的這些想法產生強烈共鳴，因為我親眼看著我的父母親，就在這樣的生活模式裡掙扎求生。

當JR走進我的生命時，我正處於人生的十字路口。我的父親向來務實，某天早上他叫醒我，堅持要我去應徵東方航空的空服員工作。

想到每年可以賺兩萬八千美元，而且每個月還有七天休假的工作條件，讓我覺得很荒謬，更何況我其實很怕搭飛機。但我還是照做了，也去面試，甚至故意給出「錯誤答案」，只希望自己不要被錄取。結果事與願違，我竟然錄取了，並咬牙撐過為期四週、密集又艱辛的培訓課程。

我每天晚上都哭著打電話給媽媽，覺得自己格格不入。當時我和JR才剛開始約會，他成為我的精神支柱，還鼓勵我辭職，「如果你不告訴你父親，你拒絕做這份工作，最終你會成為一個連自己都不認識的人。」他的話徹底打動我，我知道他說得對。有時候，你能做的最勇敢的事情，就是放棄那些不屬於你的東西。

在空服員培訓期間，我便辭去東方航空的工作，收拾行李搬去和JR同居。我沒有事先告訴他自己的計畫，所以當我帶著行李出現時，他以為我瘋了。但那一刻，標記著我們愛情故事的開始，也標記下我們在破折號之間的人生起點。

破折號之間的人生

JR鼓勵我勇敢地反抗父親，警告我如果不那樣做，將會變成一個自己都不想成為的人。

這些年來，我遇過無數人，全都因為別人的期望而被迫從事某些職業，他們變成自己不想成為的樣子。如果我當初沒有聽從JR的建議，很可能會成為他們的其中一員，至今過著由別人的夢想所支配的生活，而不是追求自己真正想要的人生。

有天晚上，JR帶我去約會，那個約會地點讓我永生難忘。我們開車到一個墓園，我很困惑，甚至有點害怕。「為什麼要來墓園？」我好奇地看著他問道。

他笑了，眼中倒映著車內昏暗的燈光。「我想給你看一些重要的東西。」他神秘地回答。

我當時心想，他該不會是個心理變態、瘋子，一個徹頭徹尾的神經病吧？但是，當我們走在墓碑之間，月光投下長長的影子，我開始感到一種平和的感覺。

最後，JR停下腳步，指著一塊墓碑說：「看看這些日期，這個人出生、活過，然後死去。而中間的那一道『破折號』，就是他們的一生。」

我凝視著那塊墓碑，日期簡潔得讓人震撼。「活在那道破折號之間，」他繼續說，「那才是最重要的。你在活著的時間做了什麼，定義了你是誰。」

定義我的「破折號」

第二天，我獨自面對父親，「爸爸，我要和JR一起離開，」我宣布，儘管內心百感交集，但我的語氣卻很堅定，「我們要去建立一些不可思議的東西。」

父親看著我，一臉困惑。「離開？和JR？要去做什麼？」

「建立一個讓人們可以在網路上購物的方式。」聽到我的回答後，父親搖了搖頭。「那根本不是一件真實存在的事情，你正在犯下一個錯誤。」

但我堅持自己的立場，「我相信他，而且我相信我們。我們會成功的！」

這是我一生中最複雜的決定之一，但也是最自由的決定。當我決定和JR一起離開，追求我們共同的願景時，我們沒有太多東西，但我們擁有彼此——這就足夠了。這個決定不僅改變了我的人生，更激勵了我，甚至引領我們攜手走到今天。

一見鍾情

我仍然可以看到他就站在那裡的樣子，帶著從容不迫的自信，而這個男人最終將徹底改變我的一生。奇怪的是，改變人生如此重要的里程碑，竟然是從一個如此微小、幾乎微不足道的時刻開始。

第一次見到JR的時候，我就瘋狂地迷戀上他。那時我還很年輕，剛剛到法定年齡，我在北卡羅萊納州的一家俱樂部看到他，那時候我已經習慣受到各種關注的眼神，我可以和任何我想要的人跳舞，但JR卻吸引我的目光。他有種與眾不同的磁場，充滿魅力。當我邀請他跳舞時，他做了一件之前沒人做過的事，他對我說：「不。」

他不只拒絕過我一次，而是很多次。

大多數男人都會抓住機會和我跳舞，想要接近我，但JR卻表現得好像根本不在乎我對他的興趣，我記得當時感到一種困惑和興奮交織的複雜情緒。為什麼他不像其他人那樣渴望我？他的冷漠激起我的興趣，變成一個我需要解開的謎題。起初，正是這一點深深吸引我——他不像其他男人，那種我已經習慣的，需要我的男人。

事後看來，我明白是那種追逐的感覺吸引了我。他是不同的、疏離的，好像在他的意識裡，這個空間和裡頭的人，幾乎沒有留下任何痕跡。我當時習慣成為眾人矚目的焦點，男人都圍繞著我轉，但JR是一個謎，一扇我決心要打開的緊鎖的門。

我們當時在北卡羅萊納州，為TV Ventures工作——只是一份工作，沒什麼了不起的，更不是一個商業帝國的起點。我不知道我們將走向何方，而我以為自己了解他。

後來他告訴我，他離婚了。我從未對此感到質疑。有什麼好質疑的？我那時還年輕，沉浸在愛河裡，或者說是我自以為的愛情，我對他行走世間的方式有著全然的癡迷。他洞悉我心中尚未成形的疑惑，並握有答案。當他帶我去紐澤西州開會時——關於他最新的提案，那個「電視上看過」之類的——我完全沒有多想。

偉大愛情不是童話故事

但後來出現了「布蘭達・簡」。

她在JR的公寓裡，就像她一直都在那裡。她比我稍微年長，雖然差距不大，但是自然流露的成熟和歷練，卻足以讓人感受到那種年齡的分量。我看到她看著JR的眼神，還有她手裡握著的半杯紅酒，那一瞬間，我明白在我們開始之前，有些東西就已經破碎了。

我想離開，但我沒有。

JR稱她為「朋友」，但我們心知肚明那是什麼意思。從她在那間公寓走動的方式，我可以看到他們過去的痕跡，她對那個空間是如此熟悉。那天晚上，我沒有生氣，而是失望。對我自己，對他，對事情如此輕易就被毀掉的方式，感到相當失望。

當時我不明白，但多年後我才懂了，那一刻其實是我們之間某種更深、更現實關係的開端。我們之間不是童話故事，甚至連邊都沾不上，但它是真實的，只有那些有缺陷的、破碎的東西才會那麼真實。

我們都背負著自己的幽靈。布蘭達．簡便是我的幽靈，一個在我心裡糾纏多年的陰影，即使在JR和我成為外人眼中的模範夫妻之後，她依然存在，並沒有消失。她只是個旁觀者，卻是愛情如何悄無聲息、慢慢瓦解的痛苦提醒。直到有一天，你到達了一個轉捩點。

JR必須做出選擇，要留在過去的陰影中，還是和我一起走向光明。他選擇我，選擇了我們。

那次背叛並沒有決定我們愛情故事的結局，而是改變我們的愛情軌跡，迫使我們面對關於我們是誰，以及我們想要什麼的殘酷真相。我們因為共同擁有的愛而選擇留下；我們的愛值得，也值得為之奮鬥，我們想要讓它開花結果。而且我相信，我們會擁有更堅固的、一生一次的愛情。

而最終，我們確實擁有了。

原諒，但不遺忘

當我發現布蘭達．簡的存在時，做了大多數年輕女性都會做的事——我告訴了我的母親。我原本期待母親會替我出氣，告訴我，我值得更好的，說出那些我不敢相信自己有資格擁有的讚美。然而，母親卻保持沉默，太過沉默。我記得自己當時看著她，等待著母性的怒火爆發，但一切並沒有發生。她只是點了點頭，彷彿早就知道這一切。

很久以後，當我和JR在一起多年，安珀出生了，公司也創立之後，我才得知真相。我的母親早就知道他的背叛，即使是在那個時候，她還是沒有說任何話，因為她相信我們——相信我們能夠成為什麼樣的人。

「我不想告訴你，羅琳，」母親說，她的語氣溫柔而堅定。「我不想干涉，因為我能看到你們兩個之間所擁有的，你們可以一起建立的未來。每個人都會犯錯。但我知道，JR會成為你需要他成為的那個人。」

當時，我無法理解。她怎麼能知道事實卻不告訴我？她怎麼能在他身上看到一些我自己因為太受傷，而看不到的事物？回首往事，我明白當年母親的決定是對的。我和JR不僅擁有許多美好時光，我們也一起努力才走到那些美好未來。我們共同熬過許多風暴，還有那些快要崩潰的時候，但如今我們都走過來了。

我的母親給我們空間去解決問題——她給我空間，讓我成為能夠包容JR缺點的女人；也給JR空間，讓他成為不會再讓我失望的男人。

但在那些最初的日子裡，我並不知道這些。我只知道有另一個女人在他的公寓裡，而我留了下來，也告訴自己，愛意味著原諒，即使我不確定自己是否能做到。

*　　　*　　　*

時間：當下

主旨：我們正迎來轉機——感謝團隊

親愛的美安公司團隊：

我寫下這封簡短的信，向你們表達我最誠摯的謝意。我希望你們每一位都知道，我多麼感激你們的辛勤工作、奉獻和支持。正是因為有你們，我們才得以迎來共同的成功與轉機，而你們所做出的貢獻，我感激不盡。

今天，在經歷了從二〇二四年一月十五日到五月十五日這段艱辛的巡迴演講後，我們終於開始看到曙光。自JR離開後，美安公司已經迎來轉機，並在過去兩個月實現最佳的績效成長。看到我們逐漸接近JR還在世時所達到的顛峰，真是令人難以置信，我感到無比自豪。我們播下的種子正開始發芽，但它們仍然需要培育、灌溉和照顧。就像任何你希望茁壯成長的事物一樣，必須滋養它，給予陽光，並持續不斷地為之努力。

在將近兩年的時間裡，美安公司第一次開始看到隧道盡頭的那道光。事情開始有所進展，我們正在改變，一個具有凝聚力的團隊正在共同努力。我不得不做出一些艱難的決定——包括調整人事、讓部分成員離開，也推動其他人挺身而出，承擔更多責任。這趟旅程並不輕鬆，過程中經歷許多困難的溝通與討論，但這些行動正在產生深遠影響。

馬克一直是我的支柱，也是與我並肩作戰的優秀領導者。我們一起見證公司的轉變。雖然我們還沒有到達JR去世前或

COVID-19疫情爆發前的狀態，但我們正在穩定前進，即使步伐緩慢，但「持續成長」才是最重要的。JR總是說，穩定成長比缺乏準備的快速擴張更重要，因為後者可能導致崩塌。我們的進展帶給我希望。

就在今天早上，馬克還提醒我，我們都在這段漫長時間以來第一次看到曙光，而且比過去二十四個月裡的任何時候，都更加明亮。

就這樣，又要展開新的一天，陽光燦爛、充滿朝氣，讓我們準備好迎接挑戰，繼續讓美安公司超越以往，邁向更高的高峰。

深表感激，羅琳

我很自豪，能寫下這封電子郵件給我的領導團隊。我已經整整悲傷了兩年，而我唯一能確信的一件事是，悲傷的樣貌會不斷變化。當你以為自己好不容易已經學會如何控制這些情緒時，悲傷又轉變成某種新的樣貌，那種感覺讓人精疲力竭。

寫完這封郵件後，我關上筆記型電腦，讓疲憊感占據我的身心。就在那晚，我做了一個非常奇怪的夢。

夢中的貴客們

我記得自己置身在一個令人毛骨悚然的房間裡，就像是電影《陰間大法師》裡的那間等候室，死者在那裡等待被分配到他們的「來世」。房間的牆壁混合著鮮豔刺眼的萊姆綠和霓虹燈般的紫色，牆上貼著過時的花卉壁紙，邊緣已經剝落。角落有一台老式的取號機，散發著微弱的詭魅光芒。房間裡充滿輕柔的低語聲，一種超現實的氛圍，交織著平凡與怪誕。

「歡迎你，羅琳。」一位氣場強大、笑容親切的女士說道。雪柔・桑德伯格（Sheryl Sandberg），臉書的前首席營運長和《挺身而進》（*Lean In*）的作者，正坐在一張大得離譜的天鵝絨椅子上。

我環顧屋內，認出金寶湯公司（Campbell Soup Company）前總裁兼執行長丹妮絲・莫里森（Denise Morrison），她曾帶領公司轉型並卓越成長。備受尊敬的《華盛頓郵報》發行人凱瑟琳・葛蘭姆（Katharine Graham）也在那裡，她因為在水門事件期間的領導能力聞名於世，也奠定她作為女性在媒體行業先驅的歷史地位。還有勞倫娜・鮑威爾・賈伯斯（Laurene Powell Jobs）也在場，這位慈善家、蘋果公司創辦人史蒂夫・賈伯斯（Steven Jobs）的遺孀，她在教育和社會正義方面的工作產生深遠影響。

她們每個人坐的椅子看起來風格迥異且不相配，像是從一九七〇年代的舊貨拍賣會上隨便搬來的，然而，她們都散發著一種優雅氣質。我簡直不敢相信自己的眼睛，「我在做夢嗎？」我問道，一邊期待有人會捏我一下。

「當然是在做夢，」丹妮絲．莫里森笑著說，並調整了一下她那復古貓眼造型的單片眼鏡。「那麼，羅琳，你最近在想些什麼呢？」

我猶豫了一下，既感到受寵若驚，又感到脆弱不安。「嗯，你們可能聽說了，大約兩年前我失去了JR，這件事上了新聞版面。也許吧？」我感覺自己像個白癡，竟然對這些女性說這話，好像她們會關注我們生活似的。

凱瑟琳．葛蘭姆突然大笑出聲，「是的，我們聽說了。對這個世界來說，JR的離世是失去了一個偉大的靈魂。」

「是的！在JR去世後，我一直努力維持一切，試圖讓自己保持清醒。經營美安公司和SHOP.COM的壓力非常大，還要照顧安珀……還有孫子們……嗯，我只是覺得……」我被打斷了。

她們也曾面臨的失去

勞倫娜．鮑威爾．賈伯斯打斷我的話，漫不經心地重新排列著一個漂浮在半空中的太陽系模型。「我明白那種感受。史蒂夫過世後，我感覺自己快要被各種期望淹沒了。蘋果公司是一個龐大的公司，就像美安公司一樣，有無數人依賴著它的成功。我失去了史蒂夫，卻要對成千上萬的人負責。」

凱瑟琳・葛蘭姆，正在玩弄一台在她頭頂上盤旋的微型打字機，迅速補充道：「是的，沒錯！當我丈夫去世時，我被迫在《華盛頓郵報》最艱難的時刻接手領導工作。五角大廈的文件和水門事件都是巨大的壓力。我依靠自己的直覺和周圍人們的支持，就像你和美安公司一樣，我必須在洶湧的波濤中航行，但在那片混亂中，我找到自己的力量。」

雪柔・桑德伯格溫暖地笑了笑，調整那副把她眼睛放大到誇張尺寸的巨大搞怪眼鏡。「失去戴夫是我所面對過最艱難的事情。這讓我意識到堅韌的重要性以及我支持網路的價值，也就是我身邊的人們。寫下《擁抱B選項》（*Option B*）是我療癒過程的一部分，與其他面臨著類似失去的人們分享我的經歷，把所有的感受都宣洩出來，不在乎別人會怎麼看。我只是想表達出來。羅琳，美安公司是一個龐大的組織，擁有忠實的客戶群，就像臉書一樣。你感受到壓力是很自然的，但這也意味著你有機會產生重大的影響。」

「只是……這一切都太令人難以承受。有時候，我覺得自己快要撐不下去。」我承認道。

丹妮絲點了點頭，一邊穩住她頂在頭上的湯罐頭，「這完全正常。接手金寶湯後，我面臨巨大的壓力與懷疑。但我利用那種壓力轉化為創新的力量，並推動公司前進。這與你在SHOP.COM的情況類似——持續創新和擴展是你可以走出困境的道路。」

荒謬的真實

勞倫娜說：「別忘了那些讓我們感到真實生活的荒謬時刻。例如，當我在參加董事會會議時，我的手機一直響個不停，原來是我兒子發簡訊問我，他是否可以養一隻羊駝？我不得不藉故離席，去告訴我兒子為什麼羊駝不適合當室內寵物。」

凱瑟琳笑著說：「哦，我也經歷過不少那樣的時刻。有一次，在一次重要的訪談中，我的狗決定在那時高歌一曲，它的『天籟之音』真是讓人難忘。而我必須繼續訪談，假裝什麼事都沒發生，我的同事們都笑成一團。」

丹妮絲仍然頂著頭頂上的湯罐頭，附和道：「就像勞倫娜說的，正是日常生活中的荒謬，讓我們感受到真實的生活。例如，我有一次去參加股東大會，居然穿錯鞋，左右腳完全不同雙！在悲傷中，細節對我來說都變得模糊不清。沒有人注意到，但我自己卻笑了一整天。」

她們的歡笑和故事，稍微減輕了一些我沉重的悲傷感。這些女性也都曾經面臨難以想像的失去，卻變得更加堅強，她們讓我相信，自己也能找到穿越這場風暴的路。我感受到與她們之間有一種姐妹般的情誼，即使我心裡明白，這種姐妹情誼只存在我的夢裡。我很清楚自己是在做夢，卻無法醒來。她們的故事，讓我沉浸在夢境中。

「後來我開始把注意力轉向有意義的行動，並延續他的遺志。記住，關鍵在於在混亂中找到意義與目標。」勞倫娜補充說。

當夢境逐漸消散時，凱瑟琳．葛蘭姆用一種理解一切的眼神望著我，嘴角帶著微笑。「你會好起來的，羅琳，你擁有內在的力量，只要繼續努力、不放棄就好。」

活在「破折號」之間

我猛然從夢中驚醒，凱瑟琳的那句話，在我腦海中迴盪，無法散去。晨光穿過窗簾灑進房間，一個深刻的體悟也隨之在我心中沉澱下來。

這些傑出的女性都好好地活在她們的「破折號」之間——正如同多年前JR在墓園裡跟我說的那樣。她們讓每一刻都充滿意義，把自己的悲傷轉化為成長和成功的強大動力。

未來的旅程依然艱辛，但我不再孤單。我覺得自己與這些走過相似道路的女性，產生一種親密的連結。她們的故事成為我人生故事的一部分，當我航行在失落和領導責任的波濤之中，為我指引方向。JR教給我的——那個關於活在「破折號」之間的人生課題，此刻在我心中產生前所未有的深刻共鳴。

當天早上起床時，我內心更加確信一件事：我要**好好活在我的人生「破折號」之間**，帶著愛、力量和對夢想力量的堅定信念，延續JR所留下的精神與使命。

我的領悟：讓你的「破折號」有意義

如果說這一路走來，在我夢境中那些傑出女性的分享，以及JR所留下的智慧中，我領悟到的一件事，那就是：

我們的人生，並非由我們的生命長短來定義，而是取決於出生與死亡之間的這段時間——也就是墓碑上的那道「**破折號**」。

那道「破折號」代表著每一個選擇、每一次挑戰，以及我們用來創造意義的每一刻——不僅僅是為我們自己，也是為我們所愛的人，以及我們身後留下的世界。

悲傷會吞噬一切，讓我們的視野變得狹隘，讓我們覺得世界彷彿靜止了。但事實是，即使在最黑暗的時刻，人生仍在繼續。正是在這些痛苦得難以承受的時刻，我們才真正有機會做出選擇，決定自己想要如何活出自己人生的「破折號」。

對我而言，這代表著：我要重拾JR教我的一切，帶領美安公司度過最艱難的時刻。同時也代表著：陪伴我的家人和團隊。最重要的是，重新學會為自己而活。我明白了，有目標的活著並不等於忘卻痛苦；而是學會在這些傷痛之中，找到繼續前行的力量和理由。

所以，我希望你能銘記於心：無論你失去誰，或者心中的悲傷有多深，你都可以塑造屬於自己的「破折號」。你可以感受痛苦，哀悼逝去的一切，但不要讓它定義你的餘生。你可以選擇讓那些失去阻礙你，也可以選擇讓它推動你進入另一個充滿意義和目標的人生。

這段旅程充滿挑戰——總會有些日子，你會覺得肩上的擔子太重了，難以承受。甚至覺得快要撐不下去，沒關係的，這些都是必經之路，但要明白：即使身處最黑暗的地方，只要繼續前進並尋找光明，就會發現生活中仍然有很多東西值得期待，仍然有喜悅、愛和目標，等著你去發現。

這是屬於你的時刻，你的「破折號」。這是你的機會，創造一個屬於你的人生，反映出最好的你以及想要成為的人。不要著急，也不要強迫自己馬上就明白一切。一步一步來，因為每一個前進的步伐，無論多麼微小，都是一場勝利。

即使在經歷失去之後，你的內心仍然擁有充實生活的力量。你的「破折號」仍在繼續書寫中，而這個故事要如何展開，完全取決於你。讓它成為一個值得講述的故事——一個關於堅韌、勇氣和希望的故事。

第11章

悟徹心扉後的情書

時間：當下

我最親愛的JR，

當我還是個小女孩時，常常夢想著與我的白馬王子墜入愛河，他會將我捧在手心，讓我的生活充滿無盡的冒險，就像那些電影情節一樣。直到十八歲那年，我遇見了你。你那富有感染力的笑聲，還有那迷人的氣質——這一切都深深地吸引我。在我們初次交談的短短幾分鐘內，我就知道我想成為你生命的一部分。

那時的我們一無所有——沒有錢，沒有房子，甚至沒有計畫。然而，我選擇相信你。直覺告訴我，與你在一起是多麼千載難逢的機會，可以深刻地去愛，並與一位創意天才並肩工作。你在精神上啟發了我，並用你那想要重振偉大美國夢的願景深深地吸引我。

你夢想著改變世界，也確實做到了。看著你建立如今的美安公司，這一切是多麼不可思議。你是如此的才華橫溢、堅韌不拔，並且充滿使命感。你幫助人們邁向成功，並激勵他們成為更好的自己。你不僅僅是在講述一個新的故事——而你自己，就是「活出精彩破折號」的最佳詮釋。

現在，當我坐下來寫這封信時，我意識到你也為我做了同樣的事情。你給了我自信，在我猶豫不決的時候鼓勵我，在我不相信自己的時候選擇相信我。你讓我覺得，我已經夠好了。謝謝你，親愛的。

你應該知道，對我來說，沒有JR的世界根本毫無意義。在你離開後，我被孤獨、悲傷和內疚所淹沒，無法自拔。

你不在的這段日子裡，我發現自己內心深處那股前所未有的力量。說實話，我不得不重新定義我自己，因為你所認識的那個羅琳，只有當你在身邊時才有意義。我正在探索這個全新的羅琳，那個現在獨自行走在人生道路上，卻依然懷抱希望的羅琳。我並不完美，但我學會讓所有人看到這一點。我想要創造更多，擴展更多，直到最近，我才允許自己承認這一點，而不再為這些「想要更多」的渴望感到內疚。

與安珀、艾登、艾娃、艾德里安以及我們的家人一起哀悼，再加上接管美安公司，這是我人生中最艱難的挑戰——除了失去你。我經歷過他人的懷疑，也曾經自我懷疑，但我能感受到你一直在身邊指引我，帶著我前進，提醒我；你始終相信，我擁有那股力量。

我重新找回自己的聲音，站上舞台，重新燃起你早就看見的那份自信，與世界分享我們的夢想和願景。我已經準備好了，要延續我們一起開創的事業，幫助更多人打造他們夢想的生活，就像我們曾經做的那樣。

我已經學會運用自己的力量，以同樣的明確、熱情和願景來領導公司。我成為一位更溫柔的領導者，也比以往更加明確、有目標。我教導團隊要愛上那些將我們凝聚在一起的日常點滴，並持之以恆，不要讓日復一日的苦差事成為阻礙。

我所做的每一個決定都有想到你，努力傳承你的精神，並延續我們一起開創的事業。它正在成長，親愛的。公司將繼續發展，並改變成千上萬人的人生；對此，我深信不疑。

我也重新體認到家庭的重要性，學會如何修復和滋養維繫我們堅強的連結。安珀和孫子們一直是我的精神支柱，讓我想起你曾帶給我們的，那些生活中的愛與歡樂。我們一起走過悲傷的浪潮，在悲痛中找回越來越多的幸福和歡笑的時刻。我保證，我不會錯過他們生命中的任何時刻，而且他們將會追求自己熱愛的生活，活出自己內心的熱情，無論那些事情是什麼。

每一天，我都會想起那些被你感動過的人們，想起他們是多麼深深地思念著你。我收到來自世界各地的信件，這些信件都提到同一件事：你如何激勵他們相信自己。JR，你擁有一種獨特的天賦，你總能看到人們的潛力，並讓他們也看到自己的潛力。直到現在，我才明白，你曾經激勵了多少人。

你的離去，留下一個無法填補的空缺，但你賦予人們力量的精神，將會永遠長存。你在許許多多人的心中播下種子，它們會繼續生根發芽，我向你保證，我正在盡己所能地灌溉它們。我會繼續為我們兩人一起做夢，當我的時刻來臨時，我知道你會在天堂等我，準備好攜手繼續未完的旅程。

感謝你成為你自己，感謝你的真心、你的愛、你的一生。感謝你讓我們看見：「活在當下」的人生該是什麼樣子。十八歲那年，我就認定你——你是我一生一次、千載難逢的機遇。直到現在三十多年過去了，我依然深深地、瘋狂地愛著你，更甚以往。每個愛情故事都很美好，但我們的故事是我的最愛。我向你保證——未來還會有更多神奇的時刻。

如果我當時就知道自己現在所知道的一切，我一定會寫下這封情書給你，讓你在某個早晨走出浴室時，不經意地發現，在與我一起享用咖啡之前，就先睹為快。你寫給我超過五千六百封情書，每一封我都珍藏著。但現在，這封情書是在沒有你的日子裡，當我終於明白我是誰之後，才終於寫下的信。

而答案最終也顯而易見，親愛的，永遠都要保持積極樂觀——無論是在早餐的選擇，還是人生的態度上。

我愛你——直到永遠。我相信你。而且，終於，我也相信我自己。

永遠屬於你的，羅琳

天堂捎來的贈禮

在JR的電子郵件草稿夾裡，我發現一封他未曾寄出的信。這封信彷彿是他在離世近兩年後，自天堂捎來的一份贈禮。

> 你的生命、你走過的旅程，以及你所成為今天這樣的自己，已經成為一道光亮——充滿愛、成功、成就、優雅、細膩與覺醒的光。你為你的家人、朋友，以及成千上萬視你為榜樣的女性、超連鎖店主和創業家們，盡情地綻放著你的生命。你的人生，早已成為對「愛、成功與夢想」最深刻的詮釋。我為你感到無比驕傲，也深感榮幸，能成為你的靈魂伴侶、摯友，以及你在生活、愛情和事業上的夥伴。
>
> 時光飛逝，很難相信我們已經邁入另一個人生里程碑。

我們已經共度超過你人生中一半的歲月，我希望你能回頭看看這段奇蹟般的旅程，帶著微笑並感受到些許滿足。

我相信，我們做得很好。而現在，我們也期待一起迎接這段旅程中最精彩的篇章。我們將一起體驗、完成我們在生命中共同設定的使命。我為你所成為的樣貌感到無比驕傲。我們一直都擁有目標，沒有目標的人生是不值得活的。

從我們相遇的那一刻起，你一直都是一個美麗迷人、令人驚豔的女孩，現在更是一位優雅動人、充滿魅力的女性。但是，沒有人比我更清楚，你的內在美遠勝於外在。你是我見過最了不起的人，而我何其有幸，很幸運我們的道路和生命能夠相遇並合而為一。我們幾乎完成所有設定要實現的目標，現在我只希望你能享受屬於你的成功、家庭、時間和生活，因為你已經為我們的生活付出所有，你值得擁有這世上最美好的一切。

我給你的禮物，就是讓你的人生如你所願、如你所應得的那樣，這將是我們共同的旅程，直到永遠。

今天是你展開新生活的第一天；我希望這是快樂的一天，也是一個新篇章的開始，更是一段漫長、起伏、精彩且成功的愛情故事中，最精彩美好的篇章。

愛你的，JR

第12章

把自己活成一道光

兩個人開始的團隊

那是二〇二四年美安國際年會，美安公司一年一度的盛會。我站在座無虛席的體育館中央，放眼望去，五千名與會者齊聚一堂。儘管人數不若往年的一萬八千人，但在COVID疫情解封後，與會人數仍持續攀升。

當我踏上舞台那一刻，耀眼的燈光讓我幾乎睜不開眼。現場氣氛沸騰，澎湃的能量彷彿電流般在空氣中竄動，然而這一次，感覺不一樣了。因為沒有JR陪在我身旁，他離去後留下的那份空虛，如影隨形，日復一日啃噬著我的心。但我依然站在這裡，站在成千上萬的人們面前，他們需要我堅強、需要我的帶領。這一刻，正是JR一直以來悉心栽培，期盼我能獨當一面的時刻——這份責任，這項挑戰。於是，我昂首闊步，邁向前去。

「兩個人就能建立起一個團隊，」我開場說道，字字句句鏗鏘有力，擲地有聲。「二乘二，再乘二，再乘二。但試想，我們這群人能為這個世界做出什麼貢獻？」

我停頓了幾秒，讓這個問題在空氣中迴盪。我能感受到他們的目光與我同在，身子微微前傾，屏息期待著我接下來的話語。這不只是一場演說，更是一場挑戰，一記行動的號角。

「倘若兩個人就能建立起一個團隊，一個組織，」我繼續說道，感受到胸中燃起一團熊熊烈火。「那麼我們這群人，能為這個國家、為這個世界做些什麼？」「誰在乎選舉結果？你們真的在乎十一月會發生什麼事嗎？」

相信改變的力量

人群中開始出現竊竊私語聲，他們不確定我究竟想要表達什麼。我看到他們的困惑和猶豫，但這反而更加激勵我。

「我才不在乎，」我脫口而出，語氣比預期的還要尖銳，但我毫不在意，因為這是真話。「我真正在乎的，是你們要成為自己人生的主宰。你們要掌管自己的人生。就從你開始，沒錯，就是你，坐在第三排的那位。你們每一個人，都要為自己的人生負責。沒有任何一個國家的總統可以改變你的人生；唯一能改變你人生的，只有你自己。」

體育館內一片靜默，但這份沉默卻讓我明白，他們聽懂了。他們理解我剛說的話，並感受到其中的重量。

「我的孫子、孫女們都深信，他們可以做到任何想做的事，」我接著說，語氣變得柔和，讓他們走進我的世界。

艾娃、艾德里安和艾登，以及我的外甥女們，維奧萊特、瑪麗亞、布里亞、萊拉，還有外甥們，馬凱、亨特和托拜厄斯，他們都坐在前排，一個個抬頭望著我，臉上掛著燦爛的笑容。「凡事皆有可能，沒有什麼是不可能的。你們必須從今天開始，從現在開始，就將這個信念傳承下去。我們的孩子、我們的下一代，他們都在看著我們。我們必須帶頭示範，為他們指引方向。」

我掃視著整個會場，人群中的一張張面孔，看到他們眼中的認同和理解。這不僅僅是關於賺錢或建立事業而已，這關乎人生，關乎我們身後將留下什麼。

「當你能夠坦然面對不安，並在不安中感到自在，」我繼續說道，聲音堅定卻溫柔，「你就能擁有所想要的一切。人生總有苦痛相隨，但箇中秘訣在於：找到值得你為之受苦的事物，然後全力以赴、勇往直前。因為沒有成長的人生根本算不上是真正的『活著』，不是嗎？沒有成長的人生，只不過是『生存』罷了。而**我們來到這個世上，不只是為了生存——是為了活出精彩。**」

說到這裡，我先停了下來，讓這番話的真諦滲透到每個人的心底，它的分量如同毯子一般，覆蓋著整個會場。「我們可以改變自己。我們生來就有韌性、有適應力，並有能力讓生活契合我們的信念。但要改變你的人生，你的故事就必須先改變。你自己必須做出改變。」

「不要再讓自己身處那些無法激勵你的人群之中，不要再讓自己舒適得安於平庸。別再讓別人的質疑，成為你自己的疑慮。如果你讓這種情況發生，那麼你就已經輸掉了這場戰鬥。」

揭露自己內心

我能感受到，會場裡逐漸升騰的張力，以及他們眼中閃爍著理解的光芒。「你必須現在就做出決定——此刻，你究竟是要向前邁進，還是要踟躕不前。如果你不打算全力以赴，如果你不願意付出一切，那麼其他一切都無關緊要。你的想法、你的恐懼、你的疑慮——它們都無足輕重。重要的是你必須要挺身而出，全力以赴。」

但即使我當下說出了這些話，我也知道，我需要面對自己內心更幽暗的一面，那是我長久以來一直不願面對的、人生旅程的一部分。

「我必須對你們坦誠，」我繼續說道，語調變得溫柔。「當我失去JR時，不僅僅失去了我的丈夫，還失去了我的精神支柱，也是我最堅定的支持者，那個在我自己都還未發覺時，早就看到我潛力的男人。而且告訴你們實話，在他去世後，我又變回多年前他遇到的那個懵懵懂懂的女孩，那個還不明白如何以自信徹底改變人生的女孩。我迷失了，困在一個充滿內疚、自我懷疑和被動接受現狀的世界裡，而不是思考事情應該是什麼樣子。」

我能感覺到淚水在眼眶裡打轉，但我強忍著，繼續說下去，因為我知道這是揭露真相的關鍵時刻。「很長一段時間，我深陷於一種錯誤的信念，認為自己與所有發生在我身上的事，包括失去、痛苦和心碎，緊緊相連，而疏忽儘管經歷了失去，那些我仍然可以實現的目標。我太執著於失去的一切，卻忘記感激我曾經與JR一起經歷過的一切。我忘記了，即使我失去最偉大的愛，我仍然還有更多的愛可以付出，還有更多的工作要做，還可以去影響更多人的生命。」

此刻，我的淚水已潸然而下，但我沒有伸手擦去，而是讓淚水肆意流淌，讓觀眾看到這些真實的情感，就和我所有的成功一樣，都是我人生旅程的一部分。

「此時此刻，就在這裡，我要公開自我檢討，」我說，聲音哽咽但依然堅定。

「我花了太長時間才看清這一點，我一直沉溺於已逝去的過往，而不是為了依然存在的美好而活。而且我告訴你們——如果你們也同樣困住，在那樣的心態與思維中，那麼是時候醒悟了。是時候停止哀悼你所失去的，開始去愛你仍然擁有的。是時候比過去更加深刻地去愛，因為這才是讓一切變得有價值的理由。

信守承諾

有一段記憶，總是在我的腦海中不斷重現。那是一個靜默的時刻，當時看似無足輕重，但現在卻代表了一切。那天夜已深，電話會議和各種會談早已結束。我和JR坐在客廳裡，窗外是城市的喧囂，但屋內只有我們兩個人。

「羅琳，」他說，語調輕柔，還帶著一點溫暖。「總有一天，你必須在沒有我的情況下，獨自面對這一切。」

我望著他，他的話我沒聽進去。「別說那樣的話，」我回答，試圖一笑置之。「我們是一個團隊，永遠都是。」

他露出那種明瞭睿智的笑容，每當他要說出一些深刻的道理時，都會露出這種表情。「我們當然是一個團隊，」他點頭，「但你要答應我一件事。」

「什麼事？」我問道，有某種預感也感到一陣揪心。

「當那一天到來，只剩下你一個人的時候——答應我，你不會停下腳步；答應我，你會繼續奮鬥，繼續帶領大家。這個世界需要你，羅琳；我們的家人需要你；美安公司也需要你。」

我當時根本不想聽這些。我不敢去想像一個沒有他的世界。但我還是點了點頭，喉嚨哽咽著。「我答應你，」我低聲說。我答應你，我答應。

現在，我站在這個舞台上，腦中浮現的就是當時那個承諾。JR已經不在這裡，但他對我的信任，那份信心卻與我同在。我不會讓他失望的。

我深深吸了一口氣，感受到會場裡的能量正在轉變，感受到我們都同舟共濟的這份理解。「我現在要向你們挑戰，」我繼續說道，語氣越發堅定。「我要你們看著鏡子裡的自己，捫心自問——我正在如何度過人生？我是否愛得夠深刻？我是否付出夠多？我是否傾盡所有？唯有如此，才能活出一段真正有意義的人生，才能留下一個值得被記住的傳奇。」

此刻，整個會場的群眾情緒沸騰，空氣中瀰漫著激動的情緒。這不只是一場演講，更是一場行動號召。「是時候超越混亂了，」我激勵他們。「是時候超越恐懼、疑慮和內疚了；是時候超越那些所有阻礙你們前進的障礙，並踏入命中注定屬於你們的光芒之中。你只有一次人生，只有一次機會讓它有意義，不要白白浪費。」

我看到每個人臉上寫著決心，他們準備好將這番話銘記於心，化為自己的力量。「人生苦短，不值得抱憾終生，」我語氣堅定地說：「沒有時間空想著『如果當初』。別讓你的夢想和你一同消逝。這個世界正等著你展現你的偉大。你願意付出什麼，將會成就你命中注定要成為的那個自己！」

此刻，群眾都站了起來，全場的能量如同爆炸一般，彷彿隨時準備迎戰人生、征服世界。「你願意付出多少努力？」我向他們發出戰帖。「你願意多努力去爭取？時間不會等待，就是現在。不要寄望明天，因為沒有人保證明天一定會到來。活在當下，愛在當下，即刻行動。因為這才是一切的意義所在。」

當我退回後台，如雷般的掌聲響徹整座體育館，那股能量如浪潮般洶湧澎湃。在那一刻，我知道JR與我同在，他為我所走過的旅程，為我所蛻變成的女人感到驕傲。而且我知道，我們一起啟動了一場運動，喚醒一支大軍準備好超越恐懼和疑慮，並邁向命中注定的偉大目標。

我的領悟：創造你最美好的人生

我希望你們明白一件事，我花了兩年時間才領悟到，那就是失去JR是我一生中所經歷過最艱難的事情，這件事徹底擊垮我，也曾讓我一蹶不振，那種痛苦的程度是我之前所無法想像的。但關鍵是——我仍然站在這裡，仍然在奮鬥，仍然在領導。

因為這就是JR所期望的；這就是他教我的。人生並非迴避痛苦或失去，而是在經歷這一切後，仍然要找到屬於你最美好的人生。這是關於我們透過所愛之人身上得到的愛、領悟和智慧，善加運用，並推動我們前行。

如果你正在掙扎，感到無法繼續前行——請相信，你一定可以做到。即使在經歷難以想像的重大失去後，你內心仍然擁有克服一切困難的力量。你擁有成為自己人生主宰的力量，掌控自己的命運，引領他人，傳遞愛，並創造美好的事物。

這一章不只是關於我的故事，更是關於我們所有人的故事。這是關於在失去我們的摯愛之後，找到屬於我們最美好的人生。這是關於透過充實的、無畏的、有目標的活著，紀念那些逝去的人們。這是關於**即使在艱難的時刻，也要挺身而出；即使疲憊不堪，也要繼續閃耀光芒。**

所以，讓我們一起實踐！讓我們為自己感到驕傲。

讓我們找到屬於我們最美好的人生——因為我們值得擁有最好的！

巨大倉鼠滾輪

JR每年在大會上都會特別示範：「大多數人其實都困在一個巨型倉鼠滾輪上，拚命奔跑、卻停留在原點，不斷重複、卻無法前進。若要成功，你就必須跳下這個滾輪。」

跨出舒適圈，一切皆有可能

帶領大家勇於走出舒適圈，是JR持續推廣的重要人生課題之一，對於家人也是，更從兒孫輩做起。這一次，他和年紀最大的孫子艾登在一萬五千人的見證下示範「一切皆有可能」。

JR深信，自信心應從小培養。艾登雖然很緊張，但瞧瞧他小臉蛋上的神情！（我超愛他對著全場比大拇指，觀眾都站起來爭相拍照！）當他和外公步出太空艙門時，興奮的他還一直說，要再來一次！（於第26屆大會，2018年）

享受當下

這是JR最珍愛的照片之一，畫面中的他在台下細細觀察、向台上的人學習，享受著每分每秒。（於第20屆大會，2012年）

如何成就你的破折號？

你的出生日期和離世日期並不重要。真正重要的是，你如何運用這個兩個日期之間的那道「破折號」。這是JR每次大會必定分享的理念。如果你用心經營自己的「破折號」，人生就不會有遺憾。你，打算如何活出精彩的人生破折號？ 這份提醒對他來說，是最值得傳遞的訊息。（於第30屆大會，2022年）

我們的婚禮

不可思議的一天。與一生摯愛共結連理，我們倆開心無比！（於巴巴多斯，1996年12月11日）

我們的美安團隊

這張照片最特別的地方，就是我們的團隊多年來始終如一，從未改變。我們一起走過風雨，一路堅守。我們已經攜手創造無數傲人成績，而這，只是開始。（於1993年）

家人的陪伴總能點亮JR的世界

JR非常愛我們的家人！每次相聚，他的臉上總會綻放笑容。這是他和女兒安珀，及孫兒艾德里安、艾娃和艾登的溫馨合照。（於2018年）

我們最後的合照

這張照片拍攝於2022年8月30日，克羅埃西亞，JR離世前一小時。那時他神采奕奕，看不出一絲異樣。好不容易一起出遊度假，別提多開心了，這次度假是我們應得的。可萬萬沒想到，這會成為我們最後的合影。

炒蛋還是太陽蛋？

作者	羅琳．萊丁格（Loren Ridinger）
商周集團執行長	郭奕伶
商業周刊出版事業處	
副總經理	張勝宗
總編輯	林　雲
責任編輯	陳瑤蓉
封面設計	Javick Studio
內文編排	張瑜卿
出版發行	城邦文化事業股份有限公司　商業周刊
地址	115台北市南港區昆陽街16號6樓 電話：（02）2505-6789　傳真：（02）2503-6399
讀者服務專線	（02）2510-8888
商周集團網站服務信箱	mailbox@bwnet.com.tw
劃撥帳號	50003033
戶名	英屬蓋曼群島商家庭傳媒股份有限公司城邦分公司
網站	www.businessweekly.com.tw
香港發行所	城邦（香港）出版集團有限公司 香港九龍九龍城土瓜灣道86號順聯工業大廈6樓A室 電話：（852）2508-6231　傳真：（852）2578-9337 E-mail：hkcite@biznetvigator.com
製版印刷	中原造像股份有限公司
總經銷	聯合發行股份有限公司　電話：（02）2917-8022
初版1刷	2025年8月
定價	台幣450元
ISBN	978-626-7678-52-7（平裝）
EISBN	978-626-7678-51-0（PDF）／978-626-7678-50-3（EPUB）

國家圖書館出版品預行編目(CIP)資料

炒蛋還是太陽蛋？：在失去摯愛後，活出最好的自己／
羅琳．萊丁格（Loren Ridinger）著
-- 初版 -- 臺北市：城邦文化事業股份有限公司商業周刊，2025.8
264面；14.8×21公分
譯自：Scrambled or sunny-side up? :
living your best life after losing your greatest love.
ISBN 978-626-7678-52-7（平裝）
1.CST：人生哲學
191.9　　114009842